普通高等教育经管类专业"十三五"规划教材

ERP 沙盘模拟
（第 3 版）

逢卉一　李静宜　编著

清华大学出版社

北　京

内容简介

"ERP 沙盘模拟"是在汲取国内外咨询公司、培训机构的管理训练课程精髓的基础上而设计的企业经营管理实训课程。本书是"ERP 沙盘模拟"课程的配套教材,以模拟企业经营为主导思想,以一个企业单位的经济业务为原型,重点介绍了信息化环境下的管理流程和理念。

本书共分十二个实验,首先,用四个实验介绍了 ERP 沙盘的组织准备工作;其次,用六个实验模拟了企业六年的经营,并介绍了 ERP 沙盘模拟实战中运用的一些方法,包括 SWOT 分析、波士顿矩阵分析、五力分析模型、360°绩效管理、平衡计分卡等;最后,实验十一对 ERP 沙盘模拟实战进行了总结,并给出了成绩评价标准;实验十二为新商战电子沙盘体验,供学有余力的读者选做。每一个实验都附有二维码,读者可自行扫码下载各类规则与报表,为随时随地学习提供可能。

本书既可以作为普通高等院校经济管理等相关专业的实验用书,也可以作为职业经理人、企业管理人员和社会相关在职人员的自学用书。

本书封面贴有清华大学出版社防伪标签,无标签者不得销售。
版权所有,侵权必究。举报:010-62782989,beiqinquan@tup.tsinghua.edu.cn。

图书在版编目(CIP)数据

ERP 沙盘模拟/逄卉一,李静宜 编著. —3 版. —北京:清华大学出版社,2020.6(2025.1重印)
普通高等教育经管类专业"十三五"规划教材
ISBN 978-7-302-55287-1

Ⅰ.①E… Ⅱ.①逄… ②李… Ⅲ.①企业管理-计算机管理系统-高等学校-教材
Ⅳ.①F272.7

中国版本图书馆 CIP 数据核字(2020)第 055850 号

责任编辑:刘金喜
封面设计:范惠英
版式设计:妙思品位
责任校对:成凤进
责任印制:沈　露

出版发行:清华大学出版社
网　　址:https://www.tup.com.cn,https://www.wqxuetang.com
地　　址:北京清华大学学研大厦　　　邮　编:100084
社　总　机:010-83470000　　　　　　邮　购:010-62786544
投稿与读者服务:010-62776969,c-service@tup.tsinghua.edu.cn
质　量　反　馈:010-62772015,zhiliang@tup.tsinghua.edu.cn

印 装 者:涿州汇美亿浓印刷有限公司
经　　销:全国新华书店
开　　本:185mm×260mm　　印　张:12.5　　字　数:259 千字
版　　次:2011 年 5 月第 1 版　2020 年 6 月第 3 版　印　次:2025 年 1 月第 7 次印刷
定　　价:48.00 元

产品编号:086445-01

前　　言

"ERP沙盘模拟"是目前高等院校经管类学科普遍开设的一门企业经营管理实训课程。ERP(Enterprise Resource Planning，企业资源计划)代表了当前在全球范围内应用广泛、有效的一种企业管理的理念和方法。"ERP沙盘模拟"课程涵盖了企业战略管理、市场营销管理、生产与运作管理、企业财务管理和人力资源开发与管理等方面的知识内容，提高了高校大学生各方面综合素质、学习能力和工作能力，提倡情景式、激励式、探究式、自主式、互动式、协作式的教学方法。因此该课程已受到越来越多的学生和老师的欢迎。为此，我们对这本适合于课堂教学和学科竞赛的《ERP沙盘模拟》进行了修订。

1. 体系结构

本书共分十二个实验，首先，用四个实验介绍了ERP沙盘的组织准备工作；其次，用六个实验模拟了企业六年的经营，并介绍了ERP沙盘模拟实战中运用的一些方法，包括SWOT分析、波士顿矩阵分析、五力分析模型、360°绩效管理、平衡计分卡等；最后，实验十一对ERP沙盘模拟实战进行了总结，并给出了成绩评价标准；实验十二提供了新商战的电子沙盘体验，学有余力的同学可选做。其中，实验一至实验十均包含单元实验目的、实验准备知识、实验内容描述、实验步骤和总结与反思五部分内容，实验十一对前面十个实验进行了总结。

2. 特色预览

为了满足不同主体、层次、教学条件下ERP沙盘模拟学习的需求，编者从学习者的角度出发，对实验过程和内容进行反复论证与精心设计，使本书具有了鲜明特色。与其他同类教材相比，本书具有以下特点。

(1) 实验项目自主选择。每一年经营结束后，都设计了一个围绕企业战略管理、市场营销管理、生产与运作管理、企业财务管理和人力资源开发与管理等方面相关知识点的实验。考虑到不同教学对象的基础、课程学时不同，将实验设计为"拼板"方式，既可以由上至下顺序进行，也可以由教师根据教学条件、学生基础和教学目标，任意选择其中的若干实验，给予教学最大限度的自由度。

(2) 规则统一便于操控。为方便学生感性认识和教师授课，本书将用友实物沙盘和电子沙盘整合，将规则做了统一的定义。为方便学生自学、拓展，本书将新商战沙盘与约创云平台的规则附在书末，供大家比较、学习。

为方便教学，本书提供 PPT 教学课件和运营记录表，教师可通过 http://www.tupwk.com.cn/downpage 下载。

本书可作为高等学校经管类或非经管类专业 ERP 沙盘模拟课程的教材，还可作为企业中层或普通员工培训、创业知识普及和能力提高的案例教材。

本书由逄卉一、李静宜编著。我们对本书的前两版得到认可与积极的反映表示感谢，对第 3 版能有幸入选"普通高等教育经管类专业'十三五'规划教材"感到欣慰。由于编者水平有限，书中难免有疏漏和差错，敬请读者指出并告知，以便及时修正，谢谢！

编　者

2019 年 12 月

目 录

走近 ERP 沙盘模拟 ··· 1
    ERP 沙盘的由来 ·· 1
    课程目标 ·· 2
    本书结构及学习方法 ·· 2
    学习态度 ·· 3

实验一 组建团队 ·· 5
    【单元实验目的】 ··· 5
    【实验准备知识】 ··· 5
    【实验内容描述】 ·· 12
    【实验步骤】 ··· 12
    【总结与反思】 ··· 13

实验二 企业调研 ··· 15
    【单元实验目的】 ·· 15
    【实验准备知识】 ·· 15
    【实验内容描述】 ·· 18
    【实验步骤】 ··· 19
    【总结与反思】 ··· 19

实验三 学习规则 ··· 21
    【单元实验目的】 ·· 21
    【实验准备知识】 ·· 21

　　　　【实验内容描述】..26
　　　　【实验步骤】..26
　　　　【总结与反思】..40

实验四　踏上征途..41
　　　　【单元实验目的】..41
　　　　【实验准备知识】..41
　　　　【实验内容描述】..42
　　　　【实验步骤】..42
　　　　【总结与反思】..54

实验五　感性经营——第一年..55
　　　　【单元实验目的】..55
　　　　【实验准备知识】..55
　　　　【实验内容描述】..59
　　　　【实验步骤】..59
　　　　【总结与反思】..65

实验六　理性经营——第二年..67
　　　　【单元实验目的】..67
　　　　【实验准备知识】..67
　　　　【实验内容描述】..74
　　　　【实验步骤】..74
　　　　【总结与反思】..80

实验七　全成本核算——第三年..81
　　　　【单元实验目的】..81
　　　　【实验准备知识】..81
　　　　【实验内容描述】..94
　　　　【实验步骤】..94
　　　　【总结与反思】..101

实验八　科学管理时代——第四年..103
　　　　【单元实验目的】..103

　　　　【实验准备知识】……………………………………………………………… 103
　　　　【实验内容描述】……………………………………………………………… 115
　　　　【实验步骤】…………………………………………………………………… 116
　　　　【总结与反思】………………………………………………………………… 121

实验九　人力资源管理——第五年 …………………………………………… 123
　　　　【单元实验目的】……………………………………………………………… 123
　　　　【实验准备知识】……………………………………………………………… 123
　　　　【实验内容描述】……………………………………………………………… 128
　　　　【实验步骤】…………………………………………………………………… 128
　　　　【总结与反思】………………………………………………………………… 144

实验十　全面信息化管理——第六年 …………………………………………… 145
　　　　【单元实验目的】……………………………………………………………… 145
　　　　【实验准备知识】……………………………………………………………… 145
　　　　【实验内容描述】……………………………………………………………… 149
　　　　【实验步骤】…………………………………………………………………… 149
　　　　【总结与反思】………………………………………………………………… 155

实验十一　实践总结与成绩评价 ………………………………………………… 157
　　　　【单元实验目的】……………………………………………………………… 157
　　　　【实验准备知识】……………………………………………………………… 157
　　　　【实验内容描述】……………………………………………………………… 161
　　　　【实验步骤】…………………………………………………………………… 161

实验十二　新商战电子沙盘体验 ………………………………………………… 165
　　　　【教学规则】…………………………………………………………………… 165

附录A　起始年订单范例、经营记录表、利润表及资产负债表 ……………… 173

附录B　创业者手工及电子沙盘市场预测 ……………………………………… 177

附录C　重要规则速查表 ………………………………………………………… 181

附录D　广告竞单表 ……………………………………………………………… 185

附录 E　新商战市场预测 …………………………………………………… 187

附录 F　新商战竞单预测 …………………………………………………… 191

走近 ERP 沙盘模拟

ERP 沙盘的由来

"什么是沙盘训练?"这是众多初次参加沙盘训练学习者的第一个困惑。许多学习者是带着这个问题走进教室的。

沙盘模拟训练的概念最初来自"作战指挥"。在战役开始之前,许多指战员都根据战场的地形、地貌,制作一个与之完全一样的沙盘模型。他们在这个模型上模拟进行战略部署,包括兵力、火力、防御和进攻等部署。

商场如战场,一个企业的经营管理要比一场战役的指挥复杂得多。如果只是凭借想象去描绘企业应当如何管理,无疑是"空穴来风"。而如果仅是在每一门课程中展现企业的一个局部现状,也会让学习者感到"只见树木,不见森林"。

把一个企业各个部门的运作过程提炼成一个实物模拟,让学习者在这个模型上进行实际演练,无疑可以避免前面的缺憾。这就是企业经营模拟沙盘的由来。

ERP 沙盘模拟是针对代表先进的现代企业经营与管理技术—— ERP(Enterprise Resource Planning,企业资源计划)设计的角色体验的实验平台,让学习者在这个实验平台上,通过自己动手,进行实际推演,连续完成 5 年或 6 年的企业经营操作,从中不断地认识到经营过程中的"错误",并在老师每年总结点评的基础上,一步步从对企业的"感性认识"加深到对企业整体运作的"理性认识"层次上,在实践过程中,理解企业经营的真谛。ERP 沙盘模拟实践具有简练、生动、直观、全面等优点,易于从全局理解企业的运作精髓。

课程目标

通过 ERP 沙盘模拟训练，学习者应能完成以下目标。

(1) 体验制造业企业的完整运营流程。

(2) 理解物流、资金流、信息流的协同过程。

(3) 理解企业战略的重要性。企业战略包括产品战略、市场战略、竞争战略及资金运用战略等。学会用战略的眼光看待企业的业务和经营，确保业务与战略的一致。

(4) 了解常用的营销方法和营销策略。学会分析市场、进行竞争对手分析、制定营销策略、定位目标市场、制订并有效实施销售计划，实现企业战略目标。

(5) 了解生产运作管理的基本内容。感受生产与销售、生产与采购的关系，理解生产组织与技术创新的重要性。

(6) 理解资金流的重要性。掌握资金预算、控制融资成本的技能，提高资金使用效率，理解现金对企业经营的影响。

(7) 学会通过财务"看"经营。掌握资产负债表、利润表的结构；了解资本流转如何影响损益；通过财务报告、财务分析解读企业经营全局，细化核算，支持决策。

(8) 理解团队合作的重要性，树立全局观念及共赢理念。从岗位分工、责任定义、共同协作、工作流程到绩效考评，团队成员要深刻理解局部与总体的关系，学会换位思考，树立全局观念，实现共赢。

(9) 建立基于信息时代的思维模式。决策来源于数据，数据来源于信息系统，信息系统能够及时为企业和管理者提供丰富的决策信息。通过沙盘信息化体验，使学习者能够感受到企业信息化的紧迫性和实施过程中的关键点，建立基于信息时代的思维模式。

本书结构及学习方法

本书作为实验教材，共设计了 12 个实验。除了实验十二，每个实验均设置了以下几个部分：单元实验目的、实验准备知识、实验内容描述、实验步骤和总结与反思。其中，实验一至实验四是为 ERP 沙盘模拟实战做准备，包括组建团队、企业调研、学习规则和起始年的引导；实验五至实验十按企业经营年度展开企业经营竞争模拟；实验十一进行实践总结和成绩评价；实验十二为新商战电子沙盘体验。

每一年经营结束后，都设计了一个围绕企业战略管理、市场营销管理、生产与运作管理、企业财务管理和人力资源开发与管理等方面相关知识点的实验。受训者在学习过程中，可选做某些感兴趣的实验；或者在时间充裕的情况下，在每一经营年度重复做同一个实验，然后将几年的实验结果进行比较、研究。

本书推荐32学时，其中每一经营年度可分配3学时，实验十二学生可选做。具体分配如下表。

实 验 内 容	实验课时
实验一　组建团队	3
实验二　企业调研	3
实验三　学习规则	3
实验四　踏上征途	3
实验五　感性经营——第一年	3
实验六　理性经营——第二年	3
实验七　全成本核算——第三年	3
实验八　科学管理时代——第四年	3
实验九　人力资源管理——第五年	3
实验十　全面信息化管理——第六年	3
实验十一　实践总结与成绩评价	2
总　　　计	32

学习态度

学习ERP沙盘模拟，应有以下学习态度。

1．树立共赢理念，持续和谐发展

市场竞争是激烈的，也是不可避免的，但竞争并不意味着不可共存。寻求与合作伙伴之间的双赢，共赢才是企业发展的长久之道。这就要求企业知己知彼，在市场分析、竞争对手分析上做足文章，在竞争中寻求合作，企业才会有无限的发展机遇。

2. 树立全局观念，团队合作精神

通过ERP沙盘模拟对抗课程的学习，学习者可以深刻体会到团队协作精神的重要性。在企业运营这样一艘大船上，CEO是舵手、CFO保驾护航、营销总监冲锋陷阵……在这里，每一个角色都要以企业总体最优为出发点，各司其职，相互协作，最终才能赢得竞争，实现目标。

3. 树立社会责任，保持诚信

诚信是一个企业的立足、发展之本。诚信原则在ERP沙盘模拟课程中体现为对"游戏规则"的遵守，如市场竞争规则、产能计划规则、生产设备购置及转产等具体业务的处理。保持诚信是学习者立足社会、发展自我的基本素质。

4. 感悟人生，进行正确抉择

在市场的残酷与企业经营风险面前，是"轻言放弃"还是"坚持到底"，这不仅是一个企业可能面临的问题，更是在人生中不断需要解决的问题，选择自己的人生道路与经营一个企业具有一定的相通性。

实验一　组建团队

【单元实验目的】

1. 了解 ERP。
2. 熟悉企业的组织结构。
3. 了解企业中各个角色的岗位职责,如总经理(CEO)、财务总监(CFO)、市场总监(CMO)、生产总监(COO)、采购总监(CPO)。

【实验准备知识】

一、ERP

可以从管理思想、软件产品、管理系统三个层次给出 ERP 的定义。

(1) 从管理思想方面定义:ERP 是由美国著名的计算机技术咨询和评估集团 Garter Group Inc 提出的一整套企业管理系统体系标准,其实质是在 MRP II(Manufacturing Resources Planning,制造资源计划)基础上进一步发展而成的面向供应链(Supply Chain)的管理思想。

(2) 从软件产品方面定义:ERP 是综合应用了客户机/服务器体系、关系数据库结构、面向对象技术、图形用户界面、第四代语言(4GL)、网络通信等信息产业成果,以 ERP 管理思想为"灵魂"的软件产品。

(3) 从管理系统方面定义：ERP 是整合了企业管理理念、业务流程、基础数据、人力物力、计算机硬件和软件于一体的企业资源管理系统。

ERP 的概念层次如图 1-1 所示。

图 1-1　ERP 的概念层次

因此，对应于管理界、信息界、企业界不同的表述要求，ERP 分别有着它特定的内涵和外延。对于企业来说，要理解"企业资源计划(ERP)"，首先要明确什么是"企业资源"。简单地说，"企业资源"是指支持企业业务运作和战略运作的事物，也就是我们常说的"人""财""物"。据此我们可以认为，ERP 就是一个有效地计划、组织和实施企业"人""财""物"管理的系统。它依靠 IT 的技术和手段来保证其信息的集成性、实时性和统一性。ERP 最初是一种基于企业内部"供应链"的管理思想，在 MRP II 的基础上扩展了管理范围，给出了新的结构。它的基本思想是将企业的业务流程看作是一个紧密连接的供应链，将企业内部划分成几个相互协同作业的支持子系统，如财务、市场营销、生产制造、质量控制、服务维护、工程技术等。最早采用这种管理方式的是制造业，当时主要考虑的是企业的库存物料管理，于是产生了 MRP(物料需求计划)系统，同时企业的其他业务部门也都各自建立了信息管理系统，如会计部门的计算机账务处理系统、人事部门的人事档案管理系统等。而这些系统早期都是相互独立的，彼此之间缺少关联，从而形成了信息孤岛，不但没有发挥 IT 手段的作用，反而造成了企业管理的重复和不协调。在这种情况下，MRP II 应运而生，它围绕"在正确的时间制造和销售正确的产品"这样一个中心，将企业的"人""财""物"进行集中管理。ERP 可以说是 MRP II 的一个扩展：第一，它将系统的管理核心从"在正确的时间制造和销售正确的产品"转移到了"在最佳的时间和地点，获得企业的最大增值"；第二，基于管理核心的转移，其管理范围和领域也从制造业扩展到了其他行业和企业；第三，在功能和业务集成性方面，都有了很大的加强，特别是商务智能的引入使得以往简单的事物处理系统变成了真正智能化的管理控制系统。

在理解 ERP 的概念时，我们必须认识到以下几点。

1. MRP 是 ERP 的核心功能

只要是"制造业"，就必然要从供应方那里买原材料，经过加工或装配，制造出产品，再销售给需求方，这也是制造业区别于金融业、商业、采掘业(如石油、矿产)、服务业的主要特点。任何制造业的经营生产活动都是围绕其产品开展的，制造业的信息系统也不例外。MRP 就是从产品的结构或物料清单(对于食品、医药、化工行业则为"配方")出发，实现了物料信息的集成——一个上窄下宽的锥状产品结构：顶层是出厂产品，属于企业市场销售部门的业务；底层是采购的原材料或配套件，是企业物资供应部门的业务；介乎其间的是制造件，是生产部门的业务。如果要根据需求的优先顺序，在统一的计划指导下，把企业的"产供销"信息集成起来，就离不开产品结构(或物料清单)这个基础文件。在产品结构上，反映了各个物料之间的从属关系和数量关系，它们之间的连线反映了工艺流程和时间周期。换句话说，通过一个产品结构就能够说明制造业生产管理常用的"期量标准"。MRP 主要用于生产"组装"型产品的制造业，如果把工艺流程(工序、设备或装置)同产品结构集成在一起，就可以把流程工业的特点融合进来。通俗地说，MRP 是一种保证既不出现短缺又不积压库存的计划方法，解决了制造业所关心的缺件与超储的矛盾。所有 ERP 软件都把 MRP 作为其生产计划与控制模块，MRP 是 ERP 系统不可缺少的核心功能。

2. MRP II 是 ERP 的重要组成

MRP 解决了企业物料供需信息的集成，但是还没有说明企业的经营效益。MRP II 同 MRP 的主要区别就是它运用管理会计的概念，用货币形式说明了执行企业"物料计划"带来的效益，实现了物料信息同资金信息的集成。衡量企业的经营效益首先要计算产品成本，产品成本的实际发生过程，还要以 MRP 系统的产品结构为基础，从最底层采购件的材料费开始，逐层向上将每一件物料的材料费、人工费和制造费(间接成本)累积，得出每一层零部件直至最终产品的成本，再进一步结合市场营销，分析各类产品的获利性。MRP II 把传统的账务处理同发生账务的事务结合起来，不仅说明账务的资金现状，还追溯资金的来龙去脉，例如，将体现债务债权关系的应付账、应收账同采购业务和销售业务集成起来、同供应商或客户的业绩或信誉集成起来、同销售和生产计划集成起来等，按照物料位置、数量或价值变化，定义"事务处理(Transaction Processing)"，使与生产相关的财务信息直接由生产活动生成。在定义事务处理相关的会计科目之间，按设定的借贷关系，自动转账登录，保证了"资金流(财务账)"与"物流(实物账)"的同步和一致，改变了资金信息滞后于物料信息的状况，便于实时做出决策。

ERP 是一个高度集成的信息系统，它必然体现物流信息同资金流信息的集成。传统的 MRP II 系统主要包括的制造、供销和财务三大部分依然是 ERP 系统不可跨越的重要组成。所以，MRP II 的信息集成内容既然已经包括在 ERP 系统之中，就没有必要再突出 MRP II。

从管理信息集成的角度来看，从 MRP 到 MRPⅡ再到 ERP，是制造业管理信息集成的不断扩展和深化，每一次进展都是一次重大的、质的飞跃，然而，又是一脉相承的。对 MRP、闭环 MRP、MRPⅡ及 ERP 而言，虽然后者是从前者发展来的，但并没有绝对的某项技术落后、过时或后者将取代前者的含义。

二、ERP 沙盘模拟

ERP 沙盘模拟是以一种"体验、互动、实践式"的方式进行学习，涉及企业战略规划、产品研发、生产计划、设备投资与改造、生产能力规划、物资采购、财务规划、市场与销售、财务经济指标分析、团队沟通与建设等多个方面。沙盘直观地把企业运行状况展示出来，使学习者直接参与并模拟企业运作，学会应用复杂、抽象的经营管理理论，在分析市场、制定战略、组织生产、整体营销和财务结算等一系列活动中体会企业经营运作的全过程；帮助学习者深刻理解企业运营的本质及相关的管理理论，领悟科学的管理思想，提升自身的综合能力，尤其是创新、应变等能力。

在模拟实战之前，学习者一定很想了解将接手的是一个怎样的企业，在企业中担当什么样的职位、负有怎样的责任、企业所属行业及企业的内外部环境等情况。下面就介绍一下该企业的基本情况。

该企业是一个典型的离散制造型企业，创建已有 3 年，长期以来一直专注于某行业 P 系列产品的生产与经营。企业的组织结构如图 1-2 所示。

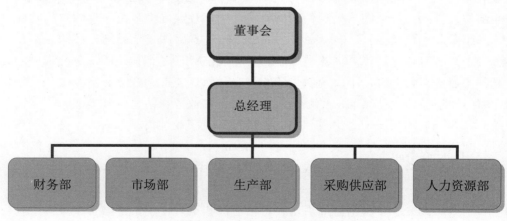

图 1-2　企业的组织结构

1. 企业中各个角色的岗位职责

1) 总经理(CEO)的职责
(1) 公司总经理的职责。
① 组织实施公司年度经营计划和投资方案。
② 主持公司的日常生产经营管理工作。
③ 拟定设置、调整或撤销公司内部管理机构的具体方案。
④ 拟定公司的基本管理制度和具体规章。
⑤ 聘任或解聘应由董事会聘任或解聘以外的管理人员和工作人员。
⑥ 依有关规章制度决定对公司职工的奖励、升迁、加薪及辞退。
⑦ 在职责范围内，对外代表公司处理业务。
(2) 沙盘对抗中总经理的职责。

ERP 沙盘是从现实企业中抽象出来的理想化、具体化和简单化的模拟对抗，它和《中华人民共和国公司法》(以下简称《公司法》)规定的各职位的职责不尽相同。总经理是总顾问(指导老师)和各职位人员的联络员，是团队各项工作的组织者和领导者。

首先，对于团队建设，总经理需要知人善任，选择能够胜任相关职位的专业人才，建立起目标明确、相互信任、相互支持、技能互补的一个有默契和高效率的团队；在整个运营过程中，应能及时纠正队内的错误，并在压力大时缓解气氛，必要时发起"建设性"的争吵。团队团结的关键就在于总经理的组织能力和沟通能力。

其次，在实战对抗中，总经理要召集各职位人员，共同出谋划策、制定企业发展战略、选择执行方案、分配运营任务并组织实施。也就是说，总经理并不具体负责某个职能部门的运营，但他又完全参与各部门的运营工作。例如，总经理与市场总监合作，分析市场，在不同的市场安排不同的产品组合，制定不同的广告策略；与财务总监共同制定企业的长短期贷款策略；同时，还需要同生产总监、财务总监一起，共同保证企业的正常生产，给市场和财务提供更多的灵活度。当然，沙盘对抗赛是脑力和体力的对抗，总经理的职责远不止这些，在比赛的紧要关头，总经理还要充当"救火"队员，与对手、裁判沟通……总经理还要起监督管理的作用，这些工作都能有效提高团队的绩效。

此外，在比赛过程中，总经理还要观察其他组的情况，以便为本组赢得最有利的竞争环境。

总之，总经理是企业团队的建设者和激励者，企业整体发展战略的制定者，企业资产投资的决策者，企业生产经营的设计者，企业其他部门决策的参与者和制定者。

2) 财务总监(CFO)的职责

(1) 公司财务总监的职责。

① 在董事会和总经理领导下总管公司预算、会计、报表工作。

② 负责制定公司利润计划、资本投资、财务规划、销售前景、开支预算或成本标准。

③ 制定和管理税收政策方案及程序。

④ 建立健全公司内部核算的组织、指导和数据管理体系,以及核算和财务管理的规章制度。

⑤ 组织公司有关部门开展经济活动分析,组织编制公司财务计划、成本计划,努力降低成本、增收节支、提高效益。

⑥ 监督公司遵守国家财政法令、纪律及董事会决议。

(2) 沙盘对抗中财务总监的职责。

财务状况是企业的命脉,所有者权益为负的企业将被迫宣布破产,现金断流的企业则直接退出比赛。所以在沙盘对抗赛中,财务总监的首要任务就是实现对所有者权益的控制和保证现金流的正常运转。首先,财务总监要参与总体发展战略的制定,并依据这一发展战略,估计各年及各经营时期现金总量的需求,制定出相应的长短期贷款方案;其次,对各年的财务进行全面运算,保证现金流的畅通,并实现对成本的全面控制,以降低企业的经营风险和经营成本;再次,在各年的实际经营中,进行企业流程中现金流的登记工作;最后,还需要填制五大表(订单明细表、品种明细表、综合费用表、资产负债表、利润表)。

企业的经营发展和日常生产都是以财务状况允许为前提的。因此对于财务总监来说,资产负债表、利润表等的填制并不困难,难的是对资金的预算和控制。例如,每年的实际销售额是不确定的,甚至会与预算有很大差异,这就要求财务总监在预算时要充分考虑各种情况,并根据具体情况及时调整资金的运用。另外,沙盘对抗赛中绝大多数企业都是负债经营,长期贷款和短期贷款各有利弊,贷款类型不同对现金流的影响也不相同。因为利息支出将直接导致企业利润减少,从而影响权益,而权益又决定下一年度的贷款额度。每一财年选完订单,财务总监就应准确制作出资产负债表,并结合生产情况设计交货时间,从而编制出现金流量表,进而安排是否进行贷款及贷款额度和类型。此外,为了有更好的财务状况,财务总监会针对生产线和厂房的投资、市场开拓、产品研发和 ISO 认证等情况与相应负责人协商,参与战略管理。

3) 市场总监(CMO)的职责

(1) 公司市场总监的职责。

① 完成公司年度营销目标及其他任务。

② 有独立的销售渠道,具有良好的市场拓展能力。

③ 负责销售部门内部的管理及建议。
④ 进行市场调查及寻找新市场机会。
⑤ 制定新项目市场推广方案。
⑥ 成熟项目的营销组织、协调和销售绩效管理。
⑦ 销售队伍的建设与培养等。
(2) 沙盘对抗中市场总监的职责。

企业的利润来自"开源"和"节流"两个方面。成本控制的作用在于"节流"，而销售总监的作用就是"开源"。如果没有实现企业的销售，即没有"开源"，就算成本控制为零也没有利润来源，毕竟"羊毛出在羊身上"。市场总监必须要做好各市场总需求及产品价格走势的分析、研究，估计出企业各年的销售量，据此参与制定企业的总战略，参与制定与市场需求相应且与企业能力相应的投资策略，从而制定企业的销售策略。此外，市场总监还需依据企业的销售目标、市场的供给状况，做出相应的广告策略及市场订单的选择策略；制定企业市场开拓和 ISO 认证等无形资产的投资方案；按既定的预算进行交货，并进行收款或者填写应收账款单据；向财务申请支付与市场相关的费用等。

4) 生产总监(COO)的职责
(1) 公司生产总监的职责。
① 保证本单位安全生产投入的有效实施。
② 督促、检查本单位的安全生产工作，及时消除生产安全事故隐患。
③ 建立健全本单位安全生产责任制。
④ 组织制定本单位安全生产规章制度和操作规程。
⑤ 组织制定并实施本单位的生产安全事故应急救援预案。
⑥ 及时、如实报告生产安全事故。
(2) 沙盘对抗中生产总监的职责。

生产总监的工作直接体现在与其他队员的配合中。生产总监必须按照企业的战略规划，安排产能大、效率高的生产线来生产企业决策中的主打产品，同时还要使生产线的建成与产品研发同步，合理安排生产线，尽量减少维修费和折旧费。柔性生产线无疑是对采购总监计算能力的考验，生产总监需要协助采购总监计算原材料采购数据，否则就有可能面临"巧妇难为无米之炊"的窘境。同时，生产总监要结合原材料的库存和在途情况及生产线结构来分析下一财年的产出情况，向市场总监提供准确的产能数据，以便于选择订单，并向财务总监提供生产加工费、维修费、折旧费等数据，为财务预算做准备。

5) 采购总监(CPO)的职责
(1) 公司采购总监的职责。
① 在上级领导的授权下，负责采购部门的各项工作。

② 在遵循公司总体经营策略下,领导采购部门完成公司的业绩要求。
③ 给予采购人员相应的培训。
④ 与采购本部及其他地区公司密切沟通与配合。
(2) 沙盘对抗中采购总监的职责。

采购总监是团队中除财务总监外计算量最大的人,根据生产线的情况计算原材料的采购情况是其主要职责。由于存在柔性生产线,采购总监往往要有几套采购方案,同时原材料的库存状况也会影响生产总监对生产线的安排。在紧要关头,企业可能会靠贴现来购买原材料,这时,采购总监、生产总监、市场总监及财务总监就要发挥协作精神,在生产线允许的前提下,用最少的成本生产出市场上利润最高的产品,把"好钢用在刀刃上",并向财务总监提供生产所需的原材料采购费用。

【实验内容描述】

1. 组建自己的经营团队。
2. 确定总经理、财务总监、市场总监、生产总监、采购总监各职能角色。
3. 各角色应对自己的岗位职责建立清晰的认识。

【实验步骤】

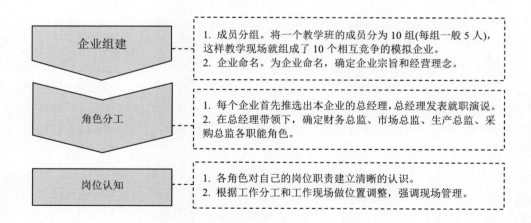

实验中主要角色的盘面定位情况,如图 1-3 所示。

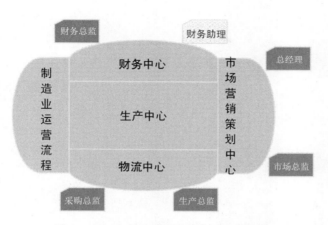

图 1-3 实验中主要角色的盘面定位情况

【总结与反思】

1. 你是怎么理解 ERP 的？
2. 你希望在心仪的岗位上有什么作为呢？
3. 记住你的团队了吗？

※在几年的经营过程中，可以进行角色互换，从而体验角色转换后考虑问题的出发点发生的相应变化，也就是学会换位思考。※

实验二 企业调研

【单元实验目的】

1. 学会进行企业调研。
2. 了解制造业企业的运营流程。

【实验准备知识】

对于即将走马上任的新任管理者来说,尽可能了解管理对象的情况,包括股东期望、企业目前的财务状况、市场占有率、产品、生产设施、盈利能力等,对于开展未来管理工作是必需的。

1. 企业基本情况

目前,企业拥有自主厂房——大厂房,里面安装了三条手工生产线和一条半自动生产线,运行状态良好。所有生产设备全部生产 P1 产品,几年来一直只在本地市场进行销售,利润率指标良好,有一定知名度,客户也很满意。

2. 企业财务情况

一个企业的财务情况主要从财务状况及经营成果两个方面来体现。

目前,该企业总资产为 1.04 亿元(模拟货币单位 104M,M 表示"百万"),其中流动资产 49M,固定资产 55M,负债 40M,所有者权益 64M。企业的具体资金分布情况见简易式资产负债表,如表 2-1 所示。

表 2-1 资产负债表

资产负债表					
					编报单位:百万元
资　　产		期　末	负债和所有者权益		期　末
流动资产:			负债:		
现金	+	17	长期负债	+	40
应收款	+	15	短期负债	+	
在制品	+	8	应付账款	+	
成品	+	6	应交税金	+	0
原料	+	3			
流动资产合计	=	49	负债合计	=	40
固定资产:			所有者权益:		
土地和建筑	+	40	股东资本	+	50
机器与设备	+	15	利润留存	+	11
在建工程	+		年度净利	+	3
固定资产合计	=	55	所有者权益合计	=	64
资产总计		104	负债和所有者权益总计		104

本企业原来的管理团队通过几年的经营,在新团队接手上一年度的利润表,如表 2-2 所示。

表 2-2 利润表

利　润　表			
			编报单位:百万元
项　目	本　期		对应利润表的项目
销售收入		35	主营业务收入
直接成本	−	12	主营业务成本
毛利	=	23	主营业务利润
综合费用	−	11	营业费用、管理费用
折旧前利润	=	12	

(续表)

利 润 表			编报单位：百万元
项　　目	本　　期		对应利润表的项目
折旧	−	5	利润表中的管理费用、营业费用及主营业务成本已含折旧，这里折旧单独列示
支付利息前利润	=	7	营业利润
财务收入/支出	−	4	财务费用
其他收入/支出			营业外收入/支出
税前利润	=	3	利润总额
所得税	−	0	所得税
净利润	=	3	净利润

3．企业运营流程

该企业的运营流程如图 2-1 所示。

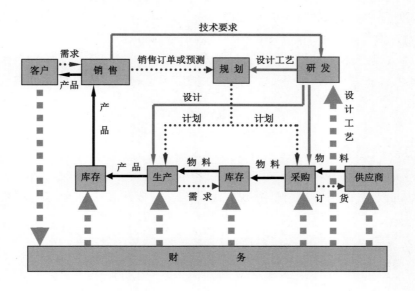

图 2-1　该企业的运营流程

4．股东期望

从简易利润表中可以看出，企业上一年度的盈利仅为 300 万元。由于生产设备陈旧，产品、市场单一，利润增长已经放缓，企业管理层长期以来墨守成规地经营，导致企业已缺乏必要的活力，目前虽然尚未衰败，但也近乎停滞不前。最近，一家权威机构对该行业的发展前景进行了预测，认为 P 产品将会从目前的相对低水平产品发展成为一个高技术产品。为适应技术发展的需要，公司董事会及全体股东决定将企业交给一批优秀的新人去发展，他们希望新的管理层能完成以下工作。

(1) 投资新产品的开发，使公司的市场地位得到进一步提升。

(2) 开发本地市场以外的其他新市场，进一步拓展市场领域。

(3) 扩大生产规模，采用现代化生产手段，获取更多的利润。

(4) 增强企业凝聚力，形成鲜明的企业文化，加强团队建设，提高组织效率。

5．产品市场的需求预测

在行业发展状况方面，P1 产品由于技术水平低，虽然近几年需求较旺，但未来需求将会逐渐下降。P2 产品是 P1 的技术改进版，虽然技术优势会带来一定增长，但随着新技术出现，需求最终还是会下降。P3、P4 为全新技术产品，发展潜力很大。这是一家权威的市场调研机构对未来六年各个市场需求的预测，应该说，这一预测有着很高的可信度。P1 产品代表了目前市场上的主流技术；P2 作为对 P1 的技术改良产品，也比较容易获得大众的认同；P3 和 P4 产品作为 P 系列产品里的高端技术产品，各个市场对它们的认同度不尽相同，需求量与价格也有较大的差异。

【实验内容描述】

1. 从企业基础情况、财务状况、运营情况、股东期望四个方面对企业进行调研。

2. 分析制造业企业的运营流程。

【实验步骤】

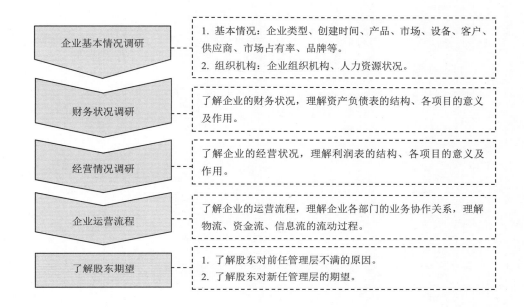

【总结与反思】

1. 你希望从哪些方面对企业的现状做出改变？
2. 企业的利润从哪里来？

企业资产、资本构成如图 2-2 所示。

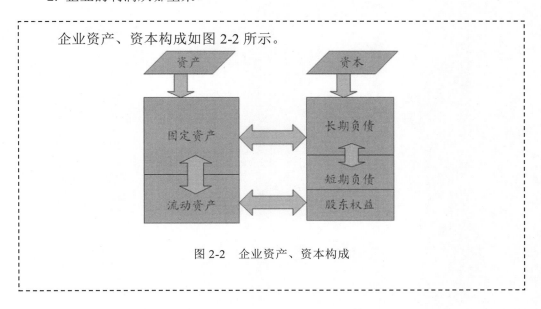

图 2-2　企业资产、资本构成

实验三 学习规则

【单元实验目的】

1. 认识 ERP 沙盘。
2. 掌握沙盘规则。
3. 学会在规则允许的范围内制定经营策略，开展工作。

【实验准备知识】

沙盘的盘面象征着一个公司的物质基础，相当于公司的现实表现形式，让人一目了然。一个公司的好坏、经营的结果都可以在这个盘面上用"物质"表现出来，而不是空洞乏味的数字形式。

盘面上共由四大部分组成，具体如图 3-1 所示。

1. 财务部

财务部在盘面上表现为财务中心和综合费用中心。

1) 财务中心

财务中心主要包括现金、长期贷款(长贷)、短期贷款(短贷)、其他贷款(包括民间个人借贷等)、应收款及应付款(一般不涉及)，如图 3-2 所示。

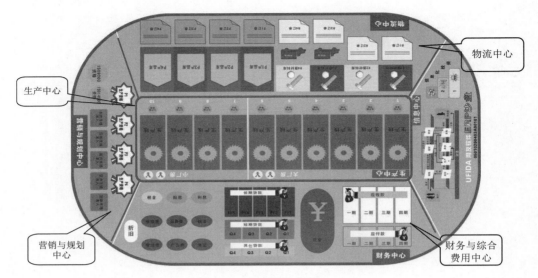

图 3-1　ERP 沙盘盘面

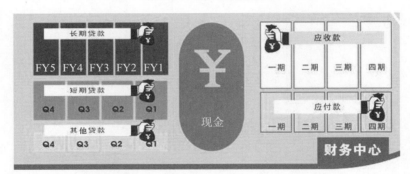

图 3-2　财务中心

(1) 现金。代表公司现金的灰币，每一个现金币代表 100 万元，记为 1M，放在图中现金位置，用于公司日常运作。此处只能放置由应收账款、贷款和贴现得到的现金，以及销售现金订单所得到的现金收入。

(2) 应收款。公司销售出去的产品很多时候不能立刻得到现金，而是有一定的账期。当公司按照销售订单交货时，要根据订单上的账期将销售所得款放在相应账期的位置上，如图 3-2 所示的"应收款"处，公司每运营完一个季度后，将应收账款向前移动一个账期，等到账期为零时就将现金放到现金库。

(3) 短期贷款。此项贷款的最高额度与本公司上一年的所有者权益挂钩，一般为所有者权益的 3 倍与贷款总额之差(具体情况以当次规则为准)。在沙盘训练中，此行只起到记录作用，不必把现金放在图 3-2 中"短期贷款"的相应位置。例如，某公司借了 4 000 万元(40M)的短期贷款，财务总监应该把借来的钱放到现金的位置,然后将两个空桶倒放在"短期贷款"第四个账期(Q4)的位置;与应收款的操作一样,公司每运营完一个季度,就将空桶向前移动一个账期,直到账期为零时,也就是该还短贷和利息时,财务总监就拿着相应的现金去银行还短贷,并将利息费用放在盘面的相应位置。

(4) 长期贷款。此项贷款的最高额度也与本公司上一年的所有者权益挂钩,一般是所有者权益的3倍与贷款总额之差,有时会有变动,具体情况以当次规则为准。与短期贷款相同,只起到记录的作用。操作方法也一样,唯一不同的是每一格代表的是一年,而不是一个季度,因此空桶的位置是每过一年才移动一次。

(5) 其他贷款。民间个人借贷也是一种融资方式,一般不采用,因为成本非常高,只有公司现金短缺且贷款额度已满又没有应收账款或厂房可以贴现时,公司才会考虑以此种方式融资。与短期贷款不同的是,民间个人借贷在每一季度的任何时间都可以贷和还,而短期贷款发布在每一季度的固定的某个时间,其他操作两者均相同。

2) 综合费用中心

除了财务中心,财务部还表示为盘面上的综合费用中心。在企业经营过程中,如设备维修费、生产线转产费、厂房租金、行政管理费、广告费及其他费用都必须计入综合费用。此外,市场开拓、产品研发和ISO认证等费用也属于综合费用,贴息、贷款利息计入财务费用。在销售盈利的情况下,还有税金;每年生产线还要计算折旧。综合费用中心如图3-3所示。

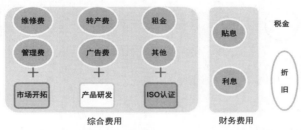

图3-3　综合费用中心

(1) 广告费。公司为了扩大销售都会为本公司的产品打广告做宣传,这时应把当年的广告费放在图3-3所示的"广告费"位置处。

(2) 折旧。每年年末公司都要按照会计准则,为生产线计提折旧,将计提的折旧放在图3-3所示的"折旧"位置处。

(3) 利息。利息主要包括每年应偿还的长贷和短贷的利息,如果有高利贷,还应包括高利贷利息,将每期利息放在图3-3所示的"利息"位置处。

(4) 管理费。每个季度公司要交的行政管理费都放在图 3-3 所示的"管理费"位置处。

(5) 维修费。只要是建设完成的生产线都需要维护费,产生的费用放在图 3-3 所示的"维修费"位置处。

(6) 贴息。当公司为了获得现金将应收账款贴现时需要缴纳相应的贴现费,此项费用就放在图 3-3 所示的"贴息"位置处。

(7) 其他。公司由于特殊情况产生的费用,放在图 3-3 所示的"其他"费用位置处。例如,公司想变卖旧的生产线,且该生产线的净值大于残值时,公司应将残值放到"现金"的位置,将超过残值的部分作为其他费用(依规则)。

(8) 税金。如果公司开始盈利并且弥补亏损之后,每年年初缴纳的上年所得税放入图 3-3 所示的"税金"位置处。

(9) 租金。企业可以租赁厂房进行生产。每年缴纳的租金放入图 3-3 所示的"租金"位置处。

2. 市场部

市场部在盘面上表现为营销与规划中心,如图 3-4 所示,主要包括产品研发、市场开拓和质量认证等工作内容。

图 3-4　营销与规划中心

生产经营过程中,生产线可生产 4 种产品,即 P1、P2、P3、P4。一般除了 P1 产品外,其余 3 种产品需要公司自己研发,且需要一定的研发周期和研发费用。研发期间,应将研发费用放入对应的产品生产资格位置,研发完成并取得生产资格认证后,将生产资格认证标识放入相应位置。

市场的分类相对简单,共有 5 种市场,每种市场均可销售 4 种产品,但是价格、需求量各有不同,质量要求也不同。除本地市场外,区域市场、国内市场、亚洲市场和国际市场都需要公司自己开发,并且每高一级市场的开发都要比低一级市场所需的开发费用多 100 万元(1M),时间也多一年。

和现实较为相近,随着市场的占领和开拓,广大消费者对质量的要求也越来越高。因此,要想获得更好的经营效果,每家公司都必须在产品的质量上做文章,以便占领更多的市场份额。这在沙盘模拟中表现为"ISO 认证"。

3. 采购供应部

采购供应部在盘面上表现为物流中心,主要包括原材料订单和原材料库两个部分,如图 3-5 所示。

沙盘模拟中一共有 4 种原材料,分别是 R1(红色)、R2(橙色)、R3(蓝色)、R4(绿色)。每一种原材料的单位价格都是 100 万元(1M)。

图 3-5 物流中心

4. 生产部

生产部在盘面上表现为生产中心,主要包括大厂房、小厂房及各类生产线,如图 3-6 所示。

购买大、小厂房所用资金应当放入"大厂房"和"小厂房"旁边的相应位置,作为固定资产,且不可随意移动固定资产的资金。大厂房可安装 6 条生产线,小厂房可安装 4 条生产线。可安装的生产线包括手工生产线、半自动生产线、全自动生产线及柔性生产线。公司可根据本企业需要,任意选取并进行投资和安装,一旦安装则不可以随意移动位置。

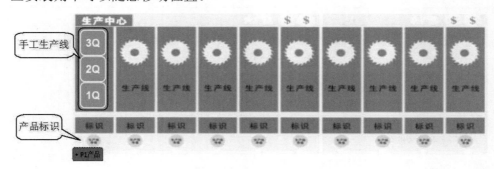

图 3-6 生产中心

【实验内容描述】

1. 认识 ERP 沙盘。
2. 通过经营记录表学习企业经营流程。
3. 学习市场规则和企业经营规则。
4. 学习 ERP 沙盘模拟评比及扣分规则。

【实验步骤】

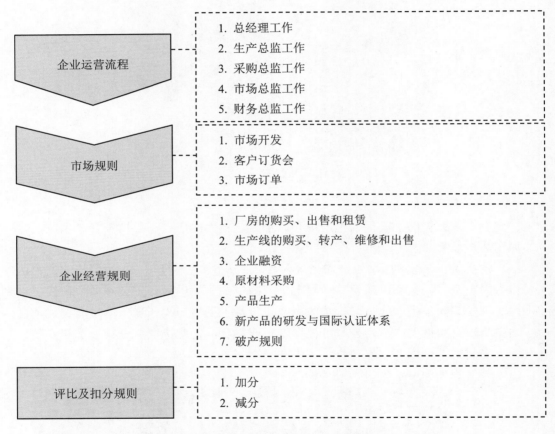

"没有规矩不成方圆",了解规则、理解规则是该实训课程顺利完成的关键。

一、企业运营流程

企业运营流程需按照经营记录表中的流程严格执行,如表 3-1 所示。

表3-1　经营记录表

企业运营流程 请按顺序执行下列各项操作		每执行完一项工作，总经理在相应的方格内画钩 财务总监在方格中填写现金收支记录				
年初	新年度规划会议					
	参加订货会/支付广告费/登记销售订单					
	制订新年度计划					
	支付应付税					
1	季初现金盘点(请填余额)					
2	更新短期贷款/还本付息/申请短期贷款(高利贷)					
3	更新应付款/归还应付款					
4	原材料入库/更新原料订单					
5	下原料订单					
6	更新生产/完工入库					
7	投资新生产线/变卖生产线/生产线转产					
8	向其他企业购买原材料/出售原材料					
9	开始下一批生产					
10	更新应收款/应收款收现					
11	出售厂房					
12	向其他企业购买成品/出售成品					
13	按订单交货					
14	产品研发投资					
15	支付行政管理费					
16	其他现金收支情况登记					
17	现金收入合计					
18	现金支出合计					
年末	支付利息/更新长期贷款/申请长期贷款					
	支付设备维护费					
	支付租金/购买厂房					
	计提折旧					( )
	新市场开拓/ISO资格认证投资					
	结账					
19	期末现金对账(请填余额)					

(1) 总经理按照任务清单中指示的顺序发布执行指令。每项任务完成后，总经理在任务项目对应的方格内打钩。

(2) 财务总监在任务项目对应的方格内填写现金收支情况。

(3) 生产总监在任务项目对应的方格内填写在制品的上线、下线情况。

(4) 采购总监在任务项目对应的方格内填写原材料的入库、出库情况。

(5) 销售总监在任务项目对应的方格内填写产成品的入库、出库情况。

在运行过程中，可随时进行的操作流程如表3-2所示。

表3-2 可随时进行的操作流程

任务名称	操 作
贴现	随时贴现(包括在投入广告时也可以贴现)； 企业携带经营记录表，到交易处进行贴现操作，登记相关项目； 将收到的现金计入当季度应收到期任务项目中，并将贴现费用计入当季的贴现费用项目中
账期为0的销售订单交货后即可拿到现金	携带产品和销售订单到交易处交货； 领取现金； 将收到的现金数额计入当季度的应收账款
民间个人借贷	携带运行登记表到交易处申请民间个人借贷； 领取现金； 将收到的现金计入当季度短期贷款(高利贷)运行项目下

二、市场规则

1. 市场开发

企业面对着5个市场，分别是本地市场、区域市场、国内市场、亚洲市场、国际市场。在一开始，所有企业都具有本地市场进行产品销售的权利，而其他市场则需要企业依据自身的情况进行开发。当市场开发完成后，该企业就取得了在该市场上经营的资格，以后就可以在该市场上进行广告宣传，获取客户订单。市场开发可按照表3-3所示规定进行。

表 3-3 市场开发

市 场	每年开发费用/M	开发时间/年	投资总额	说　　明
本地	1	1	1	本次因为是接手之前的公司，故直接获得准入证
区域	1	1	1	• 各市场开发可同时进行 • 资金短缺时可随时中断或终止投入 • 开发费用按开发时间平均支付，不允许加速投资 • 市场开拓完成后，领取相应的市场准入证
国内	1	2	2	
亚洲	1	3	3	
国际	1	4	4	

规则说明如下：

每个市场开发每年最多投入 1M，允许中断或终止，不允许超前投资。投资时，将 1M 投入"市场准入"位置处，获取准入证后，将其放在盘面的相应位置处，只有拿到准入证才能参加相应市场的订货会。

2. 客户订货会

每年年初举办客户订货会，各企业派销售主管参加。订货会分市场召开，依次为本地市场、区域市场、国内市场、亚洲市场和国际市场。

3. 市场订单

市场预测是各个公司可以信任的客户需求数据，各公司可以根据市场的预测安排经营。

1) 广告费

投入广告费有两个作用，一是获得拿取订单的机会，二是判断选单顺序。广告分为产品广告和认证广告。

(1) 产品广告。投入 1M 产品广告费，可以获得一次拿取订单的机会(如果不投产品广告就没有选单机会)，一次机会允许取得一张订单；如果要获得更多的拿单机会，则每增加一个机会需要多投入 2M 的产品广告。例如，投入 3M 产品广告费表示有两次获得订单的机会，最多可以获得 2 张订单；投入 5M 产品广告费表示有 3 次获得订单的机会，最多可以获得 3 张订单。

在"竞单表"中按市场、产品登记广告费用，如表 3-4 所示。

表 3-4　竞单表

产品	本地	区域	国内	亚洲	国际
P1					
P2					
P3					
P4					
ISO 9000 认证					
ISO 14000 认证					

注意：

- 每年只有一次客户订货会，也就是每年只有一次拿订单的机会。
- 无论我们投入多少广告费，每次只能选择 1 张订单，然后等待下一次选单机会。
- 只是说有机会获得，并不一定绝对获得订单。

(2) 认证广告。如果要获取有 ISO 要求的订单，必须获得 ISO 认证资格证书，并且在当年的广告费中投入 ISO 认证的广告费，每个市场打广告的相关认证费为 1M(注意，是每个市场而不是每个产品，与上面产品广告有区别)。

注意：

- ISO 相应的认证没开发出来不能打此类广告，并且什么时候有 ISO 要求的订单要根据分析市场预测图确定。
- 竞单表中设有 9K(代表"ISO 9000"，下同)和 14K(代表"ISO 14000"，下同)两栏。这两栏中的投入不是认证费用，而是取得认证之后的宣传费用，该投入对整个市场所有产品有效。
- 如果希望获得标有"ISO 9000"或"ISO 14000"的订单，必须在相应的栏目中投入 1M 广告费。

2) 选单流程

(1) 各公司将广告费按市场、产品填写在广告登记表中。

(2) 订货会依照本地、区域、国内、亚洲和国际市场的顺序依次召开，在每个市场中按照 P1、P2、P3 和 P4 的顺序，依次选单。对于已经结束选单的市场或产品，同一年份中，不允许再进行选单。

(3) 产品广告确定公司对订单的需求量。

(4) 排定选单顺序，选单顺序依据以下顺序原则确定。

- 由上年本市场销售排名第一(即上年本市场所有产品订单销售总额第一)的市场老大优先选第一张订单。例如，某企业为区域市场的老大，则该企业拥有区域市场 P1、P2、P3 和 P4 订单的优先选择权，即第一个选 P1、P2、P3 和 P4 产品的第一张订单。
- 按某市场、某一产品上投放的广告费的多少，排定本产品的选单顺序。
- 如果在同一市场、同一个产品上投入的广告费用相同，按照投入本市场的广告费总额(包括 ISO 认证的广告)，排定选单顺序。
- 如果该市场广告投入总量也一样，则按照上年在该市场各产品订单总额的排名次序，排定选单顺序。
- 如果以上情况仍不能确定选单顺序，则由双方协商或抽签确定。

(5) 按选单顺序分轮次进行选单，有资格的公司在各轮中只能选择一张订单。当第一轮选单完成后，如果还有剩余的订单，还有选单机会的公司可以按选单顺序进入下一轮选单。

注意：

- 选择订单时，可以根据能力放弃选择订单的权利。当某一轮放弃了选单后，视为本轮退出本产品的选单，即在本轮中，不得再次选单。对于放弃的机会可以在本市场下一轮选单中使用。
- 市场地位是针对每个市场而言的。企业的市场地位根据上一年度各企业的销售额排列，销售额最高的企业称为该市场的"市场领导者"，俗称"市场老大"。

3) 订单分类

市场需求用客户订单卡片的形式表示，如图 3-7 所示。卡片上标注了市场、产品、产品数量、单价、订单价值总额、账期、特殊要求等要素。

第 6 年	亚洲市场	IP4-3/3
产品数量：	3 P4	
产品单价：	12 M/个	
总 金 额：	36 M	
应收账期：	4 Q	
ISO 9000		加急！！！

图 3-7 客户订单卡片

订单上的账期代表客户收货时货款的交付方式。若为 0 账期，则现金付款；若为 3 账期，则代表客户付给企业的是 3 个季度到期的应收账款。

如果订单上标注了"ISO 9000"或"ISO 14000"，那么要求生产单位必须取得了相应认证并投放了认证的广告费时，才能得到这张订单。

客户订货会结束后，营销总监需要将客户订单登记在订单登记表中，以备按订单记录市场、产品、数量、收入、成本、毛利等基本信息，为今后的销售分析提供基础数据。

订单类型、交货要求及获得订单的资格如表 3-5 所示。

表 3-5 订单类型、交货要求及获得订单的资格

订单类型	交货时间	获得订单的资格要求
普通订单	本年度 4 个季度运行中任一规定的交货时间	任何企业
ISO 9000 订单	本年度 4 个季度运行中任一规定的交货时间	具有 ISO 9000 认证资格，并在订单所在市场中当年支付 1M 的 ISO 9000(9K)广告费用的企业
ISO 14000 订单	本年度 4 个季度运行中任一规定的交货时间	具有 ISO 14000 认证资格，并在订单所在市场中当年支付 1M 的 ISO 14000(14K)广告费用的企业
加急订单	第一季度交货	任何企业

4) 订单违约问题

所有订单要求在本年度完成(按订单上的产品数量整单交货)。如果订单没有完成，按下列条款加以处罚。

(1) 普通订单，在本年度最后关账前缴纳违约罚款，明年最先交货，罚款按订单销售总额的 25%(即销售总额×0.25 后向下取整)计算违约金。

(2) 有违约表现(包括加急订单违约但当年交单)的企业，当年的市场地位均下降一级；如果市场领导者违约，则本市场没有市场领导者。

(3) 加急订单延期罚款处置与普通订单相同。

三、企业经营规则

企业经营过程中会遇到融资、购买、租赁、出售厂房，购买、转产、维修和

出售生产线，下原料订单、购买原材料，新产品的开发，ISO 9000、ISO 14000 资格的研发等一系列的实际问题。

1. 厂房的购买、出售和租赁

1) 厂房的购买

购买厂房只能在每年度末规定的时间(参见经营记录表)进行，购买时只需要将等值现金放到相应厂房旁边的"厂房价值"位置即可。

2) 厂房的出售

厂房可以在运行的每个季度规定的时间进行变卖。变卖时，需要财务总监携带经营记录本、应收账款登记表和厂房价值，到交易处进行交易。经核准运作时间后，由交易处收回厂房价值，发放 4Q 的应收账款资金，并在应收账款登记表中登记。

3) 厂房的租赁

企业可以租赁厂房进行生产。是否支付厂房租金的判断条件是：当运行到"支付租金"任务时，如果厂房中有生产线，则不管是什么时间投资的，也不管厂房是否是当年出售的，都需要支付租金，如果当年使用过厂房(其中有过生产线)，但到最后一个季度将生产线出售了，也就是说，运行到"支付租金"项目时，厂房中已经没有生产线了，这种情况不需要缴纳租金。已经购买的厂房不需要缴纳租金。

有关各厂房购买、租赁、出售的相关信息如表 3-6 所示。

表 3-6 厂房购买、租赁与出售

厂　　房	买　价	租　金	售　价	容　　量
大厂房	40M	5M/年	40M	6 条生产线
小厂房	30M	3M/年	30M	4 条生产线

注意：

厂房不提折旧。

2. 生产线的购买、转产、维修和出售

企业目前有 3 条手工生产线和 1 条半自动生产线，另外，可供选择的生产线还有全自动生产线和柔性生产线。不同类型生产线的主要区别在于生产效率和灵活性不同。生产效率是指单位时间生产产品的数量；灵活性是指转产生产新产品时设备调整的难易度。有关生产线购买、转产、维修、出售的相关信息如表 3-7 所示。

表 3-7 生产线购买、转产、维修、出售信息

生产线类型	购买价格	安装周期	生产周期	转产周期	转产费用	维修费	残值	需折旧年限
手工生产线	5M	无	3Q	无	无	1M/年	1M	4年
半自动生产线	10M	2Q	2Q	1Q	1M	1M/年	2M	4年
全自动生产线	15M	3Q	1Q	1Q	2M	1M/年	3M	4年
柔性生产线	20M	4Q	1Q	无	无	1M/年	4M	4年

注意：
所有生产线均可以生产所有产品。

1) 投资新生产线

(1) 投资新生产线时按照安装周期平均支付投资，全部投资到位后的下一周期可以领取产品标识，开始生产。资金短缺时，任何时候都可以中断投资。

(2) 一条生产线待最后一期投资到位后，下一季度才算且必须算安装完成，安装完成的生产线当季可以投入使用。

(3) 生产线安装完成后，必须将投资额放在设备价值处，以证明生产线安装完成。

(4) 企业之间不允许相互购买生产线，只允许向设备供应商(交易处)购买。

(5) 生产线一经投资，不允许搬迁移动(包括在同一厂房内的生产线)。

以全自动生产线安装为例，其操作可按表 3-8 所示进行。

表 3-8 全自动生产线安装示例

操 作	投 资 额	安 装 完 成
1Q	5M	启动 1 期安装
2Q	5M	完成 1 期安装，启动 2 期安装
3Q	5M	完成 2 期安装，启动 3 期安装
4Q	0	完成 3 期安装，此时才可以使用

2) 生产线转产

生产线转产是指生产线转产生产其他产品。例如，半自动生产线原来生产 P1

产品，如果转产生产 P2 产品，需要改装生产线，因此需要停工一个周期，并支付 1M 改装费用。

3) 生产线维修

当年在建(未生产)的设备不用支付维护费，如果建成已投入使用则需要缴纳维护费；当年已售出的生产线不用支付维修费。

注意：
- 已建成但当年未投入生产的设备也需要缴纳维护费。
- 正在进行转产的生产线也必须缴纳维护费。

4) 计提折旧

固定资产在长期使用过程中，实物形态保持不变，但因使用、磨损及陈旧等原因会发生各种有形和无形的损耗。固定资产的服务能力随着时间的推移逐步消逝，其价值也随之发生损耗，企业应采取合理的方法，将其损耗分摊到各经营期，记作每期的费用，并与当期营业收入相配比。

生产线从建成后的下一年起开始计提折旧，折旧方法采用平均年限法。计算方式为：

$$每年折旧额＝(原值－残值)÷使用年限$$

所有设备需计算折旧费用的年限均为 4 年。4 年折旧计提完成后，若继续使用，不再计提折旧，待设备出售时按残值出售。

本着平均年限法的精髓——均衡计提折旧的原则，将 4 种类型的生产线在可使用年限内每年应计提的折旧列示于表 3-9 中。

表 3-9 折旧表

生产线	原值/M	残值/M	需折旧年限/年	第一年	第二年	第三年	第四年
手工生产线	5	1	4	1	1	1	1
半自动生产线	10	2	4	2	2	2	2
全自动生产线	15	3	4	3	3	3	3
柔性生产线	20	4	4	4	4	4	4

注意:
- 当年建成的生产线不提折旧。
- 当年未使用、不需要的固定资产照提折旧。

5) 生产线出售

生产线变卖时,将变卖的生产线的残值放入现金区;如果还有剩余的价值(即没有提完折旧),将剩余价值放入"其他"费用,计入当年"综合费用",并将生产线交还给供应商即可完成变卖。

3. 企业的融资

企业尚未上市,企业间不允许私自融资,在经营期间,只允许向银行贷款。贷款额度是上年所有者权益的 3 倍。企业可能的融资手段及财务费用如表 3-10 所示。

表 3-10 企业可能的融资手段及财务费用

融资方式	规定贷款时间	最高限额	财务费用(利息)	还款约定
长期贷款 (基本贷款 单位 10M)	每年年末	上年所有者权益×3-已贷贷款总额	10%	年底付息,到期还本
短期贷款 (基本贷款 单位 20M)	每季度初	上年所有者权益×3-已贷贷款总额	5%	到期一次还本付息
其他贷款 (基本贷款 单位 20M)	任何时间	与银行协商	20%	到期一次还本付息
应收贴现	任何时间	根据应收账款账期不同: 一、二季度为 1:10; 三、四季度为 1:8	一、二季度为 1/10; 三、四季度为 1/8	贴现时付息

规则说明如下:

1) 长期和短期贷款信用额度

长、短期贷款的额度共为上年所有者权益的 3 倍。长期贷款、短期贷款必须按 10M 或 20M 的倍数申请。

例如,某企业上年所有者权益为 103M,则上年所有者权益的 3 倍是 309M。由于

实验三 学习规则

长期、短期贷款的基本贷款单位是10M或20M，则长期贷款加短期贷款最多可贷300M。

2) 长、短期贷款时间

长期贷款每年只有一次，即在每年末(详见经营记录表)；短期贷款每年为4次，分别为每季初(详见经营记录表)。

3) 长、短期贷款规则

- 长期贷款每年必须归还利息，到期还本。本利双清后，如果还有贷款额度，才允许重新申请贷款。即如果有贷款需要归还，同时还拥有贷款额度时，必须先归还到期的全部长期贷款，才能重新申请。不能以新长贷还旧长贷(续贷)，短期贷款也按本规定执行。
- 结束年时，不要求归还还没有到期的长、短期贷款。
- 长期贷款最多可贷5年。

4) 其他贷款规则

其他贷款使用期限为1年(同短期贷款)。不足1年的按1年计息，贷款到期后返还。贷款以20M为基本贷款单位。贷款可以随时申请，即在运行过程的任何时间，都可以申请其他贷款；但贷款计息时间为运行当季的短期贷款申请时间，并随短期贷款的更新时间更新。其他贷款必须按照短贷归还时间进行还本付息。结束年时，要求归还全部其他贷款。

5) 贴现规则

若提前使用应收款，以第三季度应收账款为例必须按1∶8提取贴现费用，即从应收款中提取8M或8的整数倍的应收账款，7M或7的整数倍放入现金，其余为贴现费用(只能按8的倍数贴现)。只要有足够的应收账款，可以随时贴现(包括次年支付广告费用时，使用应收贴现)。

4. 原材料采购

采购原材料需经过下原料订单和采购入库两个步骤，这两个步骤的时间差称为订单提前期，各种原材料提前期如表3-11所示。

表3-11 各种原材料提前期

原 材 料	订单提前期
R1(红色)	1Q
R2(橙色)	1Q
R3(蓝色)	2Q
R4(绿色)	2Q

采购规则如下:

(1) 没有下订单的原材料不能采购入库。

(2) 所有下订单的原材料到期必须采购入库。

(3) 原材料入库时必须到交易处支付现金购买已到期的原材料。

5. 产品生产

产品研发完成后,可以接单生产。生产不同的产品需要用到的原料不同,各种产品所用到的原料及数量如图 3-8 所示。

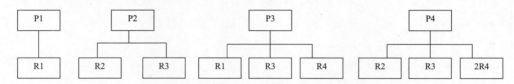

图 3-8　各种产品所用的原料及数量

产品原材料、加工费、成本如表 3-12 所示。

表 3-12　产品原材料、加工费、成本

产品	原 材 料	原 料 价 值	加工费 (手工/半自动/自动/柔性)	直接生产成本
P1	R1	1M	1M	2M
P2	R2+R3	2M	1M	3M
P3	R1+R3+R4	3M	1M	4M
P4	R2+R3+2R4	4M	1M	5M

6. 新产品研发与国际认证体系

1) 产品研发

要想生产某种产品,先要获得该产品的生产资格证。而要获得生产资格证,则必须经过产品研发。P1 产品已有生产资格证,可以在本地市场进行销售。P2、P3、P4 产品都需要研发后才能获得生产许可。研发需要分期投入研发费用。投资规则如表 3-13 所示。

表 3-13 投资规则

产品	每季度投资金额	完成研发所需投资金额	最短投资周期	操作说明
P2	1M	4M	4Q	1．每季度按照投资额将现金放入生产资格位置； 2．当投资完成后，带所有投资的现金到交易处换取生产许可证； 3．只有获得生产许可证后才能开工生产该产品
P3	1M	6M	6Q	
P4	2M	12M	6Q	

规则说明如下：

产品研发可以中断或终止，但不允许超前或集中投入。已投资的研发费不能回收。开发过程中，不能生产该产品。

2) ISO 认证

ISO 认证费用及相关操作如表 3-14 所示。

表 3-14 ISO 认证费用及相关操作

ISO 类型	每年投资金额	完成认证投资金额	最小投资周期	操作说明
ISO 9000	1M	2M	2 年	1．每年按照投资额将投资放在 ISO 证书位置； 2．当投资完成后，带所有投资到交易处换取 ISO 资格证； 3．只有获得 ISO 资格证后才能在市场中投入 ISO 广告
ISO 14000	2M	4M	2 年	

规则说明如下：

(1) 两项认证可以同时进行。

(2) 资金短缺的情况下，投资随时可以中断，但不允许集中或超前投资。

7. 破产规则

当所有者权益小于零(资不抵债)和现金断流时为破产。破产后，企业仍可以继续经营。

四、ERP 沙盘模拟实践的评比及扣分规则

比赛结果为参加比赛的各队的最后权益、生产能力、资源状态等进行综合评分，分数高者为优胜。评分以最后年的权益数为基数，以生产能力、资源等为加权系数计算而得。在加权系数中，以下情况不能在加权系数中加分。

- 已经获得各项资格证书的市场、ISO、产品才能获得加分，正在开发但没有完成的不能获得加分。
- 在企业运行过程中，对于不能按照规则运行或不能按时完成运行的企业，在最终评定的总分中，给予减分的处罚。

凡有以下情况者，从综合得分中扣除相应的得分。

- 迟交报表。未按规定时间提交报表的，迟交 1~10 分钟罚 1 分/分钟；迟交 10~15 分钟，罚 2 分/分钟；15 分钟以后，由裁判组强行平账，另外，参照报表错误进行罚分(即总共需要罚 40 分，其中 20 分为晚交报表的罚分，另外 20 分为报表错误的罚分)。
- 报表错误、报表不平或者账实不符的，罚总分 20 分/次。
- 没有按照规定的流程顺序进行运作，罚总分 10 分/次；违反规则运作，如新建生产线没有执行规定的安装周期、没有按照标准的生产周期进行生产等，罚总分 50 分/次；不如实填写管理表单(采购订单、贷款、应收、生产线状况登记表)的情况，一经核实，按情节严重程度扣减总分 5~10 分/次。
- 借高利贷，每次扣 15 分。

【总结与反思】

企业权益为 116M 时，企业可向银行申请长期贷款和短期贷款的额度是多少？

实验四

踏 上 征 途

【单元实验目的】

1. 熟悉企业经营的活动构成。
2. 理解本岗位需要完成的工作任务。
3. 学习与他人协同工作。

【实验准备知识】

新管理层接手企业,需要有一个适应阶段。在这个阶段,需要与原有管理层交接工作,熟悉企业的内部运营流程。因此,在"ERP沙盘模拟"课程中,设计了起始年。

企业选定接班人之后,原有管理层总要"扶上马,送一程"。因此在起始年里,新任管理层仍受制于老领导,企业的决策由老领导定夺,新管理层只能执行,主要目的是团队磨合,进一步熟悉规则,明晰企业的运营过程。

企业的实际运营过程是相当复杂的,在"ERP沙盘模拟"课程中,我们用"企业运营流程"简化了企业的实际运营过程,如实验三中表3-1所示。企业的运营流程包括两方面内容:一是企业经营过程中必须做的各项工作;二是开展各项工作时需要遵循的先后顺序。可以说,企业运营流程是我们进行企业经营活动的指南。

企业运营流程中,按照时间顺序分为年初4项工作、按季度执行的19项工作和年末需要做的6项工作。执行企业运营流程时由总经理主持,团队成员各司其职,有条不紊,每执行完一项任务,总经理在方格中打钩作为完成标志。

现金是企业的"血液"。伴随着企业各项活动的进行,会发生现金的流动。为了清晰记录现金的流入和流出，我们在企业运营流程中设置了现金收支明细登记。当总经理带领大家每执行一项任务时，如果涉及现金收付，财务主管负责现金收付，财务总监要相应地在方格内登记现金收支情况。

【实验内容描述】

做起始年的经营。

【实验步骤】

年初 4 项工作
1. 新年度规划会议　　　　　　　　3. 制订新年度计划
2. 参加订货会/支付广告费/登记销售订单　4. 支付应付税

第一季度 19 项工作
第二季度 19 项工作
第三季度 19 项工作
第四季度 19 项工作

1. 季初现金盘点
2. 更新短期贷款/还本付息/申请短期贷款
3. 更新应付款/归还应付款
4. 原材料入库/更新原料订单
5. 下原料订单
6. 更新生产/完工入库
7. 投资新生产线/变卖生产线/生产线转产
8. 向其他企业购买原材料/出售原材料
9. 开始下一批生产
10. 更新应收款/应收款收现
11. 出售厂房
12. 向其他企业购买成品/出售成品
13. 按订单交货
14. 产品研发投资
15. 支付行政管理费
16. 其他现金收支情况登记
17. 现金收入合计
18. 现金支出合计
19. 期末现金对账

年末 6 项工作
1. 支付利息/更新长期贷款/申请长期贷款
2. 支付设备维修费
3. 支付租金/购买厂房
4. 计提折旧
5. 新市场开拓/ISO 资格认证投资
6. 结账

注意：
- 执行企业运营流程时，必须按照自上而下、自左至右的顺序严格执行。
- 每个角色都要关注自己需要负责什么工作，和其他部门的工作关系是怎样的，最好对自己负责的几项工作标注特殊标记。

一、年初4项工作

1. 新年度规划会议

新的一年开始之际，企业管理团队要制定(调整)企业战略，做出经营规划、设备投资规划、营销策划方案等。具体来讲，需要进行销售预算和可承诺量的计算。

常言道："凡事预则立，不预则废"。预算是企业经营决策和长期投资决策目标的一种数量表现，即通过有关的数据将企业全部经济活动的各项目标具体、系统地反映出来。销售预算是编制预算的关键和起点，主要是对本年度要完成的销售目标的预测，销售预算的内容是销售数量、单价和销售收入等。

可承诺量的计算：参加订货会之前，需要计算企业的可接单量。企业可接单量主要取决于现有库存和生产能力，因此，产能计算的准确性直接影响销售交付。

2. 参加订货会/支付广告费/登记销售订单

1) 参加订货会

各企业派销售主管参加订货会，按照市场地位、广告投放、竞争态势、市场需求等条件分配客户订单。

注意：

争取客户订单前，应以企业的产能、设备投资计划等为依据，避免接单不足、设备闲置或盲目接单，无法按时交货，引起企业信誉降低。

2) 支付广告费

财务主管将广告费放置在沙盘上的"广告费"位置；财务总监记录支出的广告费。

3) 登记销售订单

客户订单相当于与企业签订的订货合同，需要进行登记管理。销售主管领取订单后，负责将订单登记在"订单登记表"中，记录每张订单的订单号、所属市场、所订产品、产品数量、订单销售额、应收账期，如表4-1所示。

表 4-1　订单登记表

订单号										合计
市场										
产品										
数量										
账期										
销售额										
成本										
毛利										
罚款										

（"销售额、成本、毛利"行标注：交货时填写）

✎ 客户订货会结束之后，销售主管将订单填写在每年的"订单登记表"中。

3. 制订新年度计划

在明确今年的销售任务后，需要以销售为龙头，结合企业对未来的预期，编制生产计划、采购计划、设备投资计划，并进行相应的资金预算。将企业的供产销活动有机结合起来，使企业各部门的工作形成一个有机的整体。

4. 支付应付税

依法纳税是每个企业及公民的义务。请财务主管按照上一年度利润表的"所得税"一项的数值取出相应的现金放置于沙盘上的"税金"处，财务总监做好现金收支记录。

二、每季度19项工作

1. 季初现金盘点(请填余额)

财务总监盘点当前现金库中的现金，财务总监在企业经营记录表中记录现金余额。

2. 更新短期贷款/还本付息/申请短期贷款

1）更新短期贷款

如果企业有短期贷款，请财务主管将空桶向现金库方向移动一格。移至现金库时，表示短期贷款到期。

2) 还本付息

短期贷款的还款规则是利随本清。短期贷款到期时，每桶需要支付 20M×5%=1M 的利息，因此，本金与利息共计 21M。财务总监从现金库中取现金，其中 20M 还给银行，1M 放置于沙盘上的"利息"处，做好现金收支记录。

3) 申请短期贷款

短期贷款只有在这一时点上可以申请，财务主管到银行办理贷款手续。可以申请的最高额度为：上一年所有者权益×3－已贷贷款总额。

注意：

企业随时可以向银行申请高利贷，高利贷贷款额度视企业当时的具体情况而定。如果贷了高利贷，可以用倒置的空桶表示，并与短期借款同样管理。

3. 更新应付款/归还应付款

请财务主管将应付款向现金库方向推进一格。到达现金库时，从现金库中取现金付清应付款，财务总监做好现金收支记录。

4. 原材料入库/更新原料订单

供应商发出的原材料已运抵企业时，企业必须无条件接受货物并支付原料款。供应主管将原料订单区中的空桶向原料库方向推进一格，到达原料库时，向财务主管申请原料款，支付给供应商，换取相应的原料，在企业经营记录表中登记入库的原料数量。如果是现金支付，则财务总监要做好现金收支记录；如果启用应付账款，则在沙盘上做相应标记。

5. 下原料订单

供应主管根据年初制订的采购计划，决定采购的原料的品种及数量，每个空桶代表一批原料，将相应数量的空桶放置于对应品种的原料订单处。

6. 更新生产/完工入库

由生产主管将各生产线上的在制品向上推进一格。产品下线表示产品完工，将产品放置于相应的产成品库，在企业经营记录表中登记入库的产品数量。

7. 投资新生产线/变卖生产线/生产线转产

1) 投资新生产线

投资新设备时，生产主管向指导老师领取新生产线标识，翻转放置于某厂房相应位置，其上放置与该生产线安装周期相同的空桶数，每个季度向财务主管申请建设资金，额度=设备总购买价值÷安装周期，财务总监做好现金收支记录。在全部投资完成后的下一季度，将生产线标识翻转过来，领取产品标识，可以开始投入使用。

  2) 变卖生产线

当生产线上的在制品完工后，可以决定是否变卖生产线。生产线按净值出售，财务主管将生产线残值转为现金，差额计入其他费用，财务总监做好现金收支记录。

  3) 生产线转产

生产线转产是指某生产线转产生产其他产品。不同类型生产线转产所需的调整时间及资金投入是不同的。如果需要转产且该生产线需要一定的转产周期及转产费用，请生产主管翻转生产线标识，按季度向财务主管申请并支付转产费用；停工满足转产周期要求并支付全部的转产费用后，再次翻转生产线标识，领取新的产品标识，开始新的生产。财务总监做好现金收支记录。

  注意：

生产线一旦建设完成，不得在各厂房间随意移动。

8. 向其他企业购买原材料/出售原材料

新产品上线时，原料库中必须备有足够的原料，否则需要停工待料。这时供应主管可以考虑向其他企业购买。如果按原料的原值购入，购买方视同"原材料入库"处理，出售方供应主管从原料库中取出原料，向购买方收取同值现金，放入现金库并做好现金收支记录。如果高于原料价值购入，购买方将差额(支出现金—原料价值)计入利润表中的其他支出；出售方将差额计入利润表中的其他收入。财务总监做好现金收支记录。双方采购主管登记出入库的材料数量。

9. 开始下一批生产

当更新生产/完工入库后，某些生产线的在制品已经完工，可以考虑开始生产新产品。由生产主管按照产品结构从原料库中取出原料，并向财务主管申请产品加工费，将上线产品摆放到离原料库最近的生产周期，在企业经营记录表中登记在制的产品数量。采购主管登记出库的原料数量。

10. 更新应收款/应收款收现

财务主管将应收款向现金库方向推进一格，到达现金库时即成为现金，财务总监做好现金收支记录。

  注意：

在资金出现缺口且不具备银行贷款的情况下，可以考虑应收款贴现。应收款贴现随时可以进行，财务主管按 8 或 10 的倍数取应收账款，其中 1/8 或 1/10 作为贴现费用置于沙盘上的"贴息"处，7/8 或 9/10 放入现金库，财务总监做好现金收支记录。应收账款贴现时要考虑账期因素。

11. 出售厂房

资金不足时可以出售厂房，厂房按购买价值出售，但得到的是 4 账期应收账款。

12. 向其他企业购买成品/出售成品

如果产能计算有误，有可能本年度不能交付客户订单，这样不仅信誉尽失，且要接受订单总额的 25% 的罚款。这时销售主管可以考虑向其他企业购买产品。如果以成本价购买，买卖双方正常处理；如果高于成本价购买，购买方将差价(支付现金—产品成本)计入其他费用，出售方将差价计入销售收入。财务主管做好现金收支记录。双方的销售主管登记出入库的产品数量。

为了清晰起见，企业之间发生成品购销交易时，双方需登记"组间交易明细表"，如表 4-2 所示。

表 4-2 组间交易明细表

时间		买入			卖出		
年	季度	产品	数量	金额	产品	数量	金额

13. 按订单交货

销售主管检查各成品库中的成品数量是否满足客户订单要求，满足则按照客户订单交付约定数量的产品给客户，并在订单登记表中登记该批产品的成本。客户按订单收货，并按订单上列明的条件支付货款。若为现金(0 账期)付款，财务主管直接将现金置于现金库，财务总监做好现金收支记录；若为应收账款，销售主管将现金置于应收账款相应账期处，并在企业经营记录表中登记出库的产品数量。

注意：
必须按订单整单交货。

14. 产品研发投资

按照年初制订的产品研发计划，研发主管向财务主管申请研发资金，置于相应产品生产资格位置。财务总监做好现金收支记录。

> **注意：**
> 产品研发投资完成，领取相应产品的生产资格证。

15. 支付行政管理费

管理费用是企业为了维持运营发放的管理人员工资、必要的差旅费、招待费等。财务总监取出 1M 摆放在"管理费"处，财务总监做好现金收支记录。

16. 其他现金收支情况登记

除以上引起现金流动的项目外，还有一些没有对应项目的，如应收账款贴现、高利贷利息、未交订单罚款等，可以直接记录在该项中。

17. 现金收入合计

财务总监统计本季度现金收入总额。其他业务主管登记本季度入库的原料/产品/在制品的数量。

18. 现金支出合计

财务总监统计本季度现金支出总额。第四季度的统计数字中包括四季度本身和年底发生的。其他业务主管登记本季度出库的原料/产品/在制品的数量。

19. 期末现金对账

财务总监盘点现金余额，做好登记。其他业务主管盘点所管理的要素的数量并登记。

以上 19 项工作每个季度都要执行。

三、年末 6 项工作

1. 支付利息/更新长期贷款/申请长期贷款

1) 支付利息

长期贷款的还款规则是每年付息，到期还本。如果当年未到期，每桶需要支付 20M×10%=2M 的利息，财务主管从现金库中取出长期借款利息置于沙盘上的

"利息"处，财务总监做好现金收支记录。长期贷款到期时，财务主管从现金库中取出现金归还本金及当年的利息，财务总监做好现金收支记录。

2) 更新长期贷款

如果企业有长期贷款，请财务主管将空桶向现金库方向移动一格；当移至现金库时，表示长期贷款到期。

3) 申请长期贷款

长期贷款只有在年末可以申请。可以申请的额度为：上一年所有者权益×3－已贷贷款总额。

2. 支付设备维护费

在用的每条生产线需支付 1M 的维护费，生产主管向财务主管提出设备维修申请，财务主管取相应现金置于沙盘上的"维修费"处，财务总监做好现金收支记录。

3. 支付租金/购买厂房

大厂房为自主厂房，如果本年在小厂房中安装了生产线，此时要决定该厂房是购买还是租用。如果购买，财务主管取出与厂房价值相等的现金置于沙盘上的"厂房价值"处；如果租赁，财务主管取出与厂房租金相等的现金置于沙盘上的"租金"处。无论购买还是租赁，财务总监都应做好现金收支记录。

4. 计提折旧

厂房不提折旧，设备按平均年限法计提折旧，在建工程及当年新建设备不提折旧。财务主管从生产线净值中取折旧费放置于沙盘上的"折旧"处。

注意：

计提折旧时只可能涉及生产线净值和其他费用两个项目，与现金流无关，因此在企业运营流程中标注了( )以示区别，计算现金收支合计时不应考虑该项目。

5. 新市场开拓/ISO 资格认证投资

1) 新市场开拓

市场主管向财务主管申请市场开拓费，财务主管取出现金放置在要开拓的市场区域，财务总监做好现金支出记录。市场开发完成，从指导教师处领取相应市场准入证。

2) ISO 认证投资

市场主管向财务主管申请 ISO 认证费用，财务主管取出现金放置在要认证的项目上，财务总监做好现金支出记录。认证完成，从指导老师处领取 ISO 资格证。

6. 结账

财务总监需要编制产品核算统计表、综合管理费用明细表、利润表和资产负债表。企业各项经营活动最终都会反映在财务数字上，会计不仅要提供对外财务报告，更重要的是细化核算，为企业决策提供更为详细的管理信息。

1) 现金收支登记

企业每一项经营活动涉及现金收支的要在企业经营记录表中做好记录。现金收入记"＋"也可省略"＋"号，现金支出记"－"。

2) 费用明细

利润表上只反映"综合费用"一个项目，实际上综合费用由多项细化的费用构成，包括广告费、管理费、维修费、转产费、租金、市场开拓、ISO 资格认证、产品研发、其他共 9 项。对费用的细分有助于了解企业的成本构成，为寻求降低成本的空间提供依据。

3) 产品核算统计

根据订单登记表和组间交易明细表进行产品核算统计，提供分产品销售数据。

4) 报表及纳税

每年年末，应对企业本年的财务状况及经营成果进行核算统计，按时上报"资产负债表"和"利润表"。

如果企业经营盈利，需要按国家规定上缴税金。每年所得税计入应付税金，在下一年初交纳。所得税按照弥补以前年度亏损后的余额为基数计算。

当上年权益≤66 时，税金＝(上年权益＋本年税前利润－66)×25%(向下取整)
当上年权益＞66 时，税金＝本年税前利润×25%(向下取整)

注意：

66 为起始年末所有者权益。年度结束之后，指导教师将会取走沙盘上企业已支出的各项成本，为来年做好准备。

实验四 踏上征途

起始年运行记录

企业运营流程 请按顺序执行下列各项操作		每执行完一项工作，总经理在相应的方格内画钩 财务总监在方格中填写现金收支记录				
年初	新年度规划会议					
	参加订货会/支付广告费/登记销售订单					
	制订新年度计划					
	支付应付税					
1	季初现金盘点(请填余额)					
2	更新短期贷款/还本付息/申请短期贷款(高利贷)					
3	更新应付款/归还应付款					
4	原材料入库/更新原料订单					
5	下原料订单					
6	更新生产/完工入库					
7	投资新生产线/变卖生产线/生产线转产					
8	向其他企业购买原材料/出售原材料					
9	开始下一批生产					
10	更新应收款/应收款收现					
11	出售厂房					
12	向其他企业购买成品/出售成品					
13	按订单交货					
14	产品研发投资					
15	支付行政管理费					
16	其他现金收支情况登记					
17	现金收入合计					
18	现金支出合计					
年末	支付利息/更新长期贷款/申请长期贷款					
	支付设备维护费					
	支付租金/购买厂房					
	计提折旧					( )
	新市场开拓/ISO 资格认证投资					
	结账					
19	期末现金对账(请填余额)					

产品核算统计表

	P1	P2	P3	P4	合计
数量					
销售额					
成本					
毛利					

综合管理费用明细表

项目	金额	备注
管理费		
广告费		
维修费		
租金		
转产费		
ISO 资格认证		□ISO 9000　　□ISO 14000
市场准入开拓		□区域　　□国内　　□亚洲　　□国际
产品研发		P2(　　)　P3(　　)　P4(　　)
其他		
合计		

实验四 踏上征途

利 润 表

项　目	上 年 数	本 年 数
销售收入	35	
直接成本	12	
毛利	23	
综合费用	11	
折旧前利润	12	
折旧	5	
支付利息前利润	7	
财务收入/支出	4	
其他收入/支出		
税前利润	3	
所得税	0	
净利润	3	

资产负债表

资　产	期初数	期末数	负债和所有者权益	期初数	期末数
流动资产：			负债：		
现金	17		长期负债	40	
应收款	15		短期负债	0	
在制品	8		应付账款	0	
成品	6		应交税金	0	
原料	3				
流动资产合计	49		负债合计	40	
固定资产：			所有者权益：		
土地和建筑	40		股东资本	50	
机器与设备	15		利润留存	11	
在建工程			年度净利	3	
固定资产合计	55		所有者权益合计	64	
资产总计	104		负债和所有者权益总计	104	

【总结与反思】

请各位主管思考,以上企业运营过程中,你们各负责哪些任务,如何完成,如何与他人协作,需要怎样在"企业经营过程记录表"中做好记录。

起始年说明

1. 不进行任何贷款
2. 不投资新的生产线
3. 不进行产品研发
4. 不购买新厂房
5. 不开拓新市场
6. 不进行ISO认证
7. 每季度订购一批R1原料
8. 生产持续进行

实验五

感性经营——第一年

【单元实验目的】

1. 感知企业的经营本质。
2. 了解企业战略及其层次。
3. 能够利用 SWOT 分析法对企业内、外部条件进行分析。
4. 能够为企业选取适合的发展和竞争战略。

【实验准备知识】

企业战略

1. 企业战略层次

企业战略分为三个层次，即公司战略、业务战略和职能战略，如图 5-1 所示。

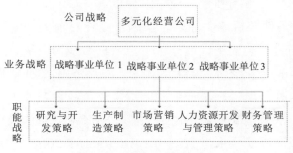

图 5-1　企业战略层次

公司战略又称总体战略，是企业最高层次的战略，主要关注两个问题：第一，公司经营什么业务；第二，公司总部应如何管理多个业务单位来创造企业价值。

业务战略又称经营战略，主要关注企业如何通过经营各种业务获取竞争优势。

职能战略通常是短期的、局部的，因而称为"策略"可能更为准确，主要包括市场营销策略、财务管理策略、人力资源开发与管理策略、研究与开发策略、生产制造策略等。

2. 企业战略管理

企业战略管理是指企业战略的分析与制定、评价与选择及实施与控制，使企业能够达到其战略目标的动态管理过程。企业战略管理图如图5-2所示。

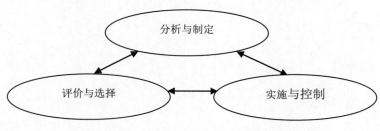

图 5-2　企业战略管理图

3. 企业环境分析

企业环境分析包括企业宏观环境分析、企业行业及竞争环境分析、企业内部条件分析。

(1) 企业的宏观环境分析主要包括6个方面：政治环境、法律环境、经济环境、科技环境、社会环境和文化环境。

(2) 企业行业及竞争环境分析包括行业的主要经济特性分析、行业吸引力分析、行业变革的驱动因素分析、行业竞争的结构分析、行业竞争对手选择与分析、行业市场集中度与行业市场细分及战略组分析。

(3) 企业内部条件分析应关注以下问题：企业目前的战略运行效果、企业面临的资源强势和弱势、企业价值链分析、企业核心能力分析、企业产品竞争力及市场营销状况分析、企业经济效益状况分析、企业面临的战略问题分析。

在对企业的内外环境进行了详细的分析之后，我们需要为其选择合适的竞争战略，SWOT分析法就是我们最常用的工具。SWOT分析法最早是由美国旧金山大学的管理学教授海因茨·韦里克(Heinz Weihrich)在20世纪80年代提出来的，他将企业的各种主要内部优势因素(Strengths)、劣势因素(Weaknesses)、机会因素(Opportunities)和威胁因素(Threats)，通过调查和筛选罗列出来，并依照一定的次序按照矩阵形式排列起来，然后运用分析思想，把各种因素相互匹配起来加以分析，从中得出一系列相应的结论(如表 5-1 所示)。

表 5-1 SWOT 分析

内部优势和劣势 外部机会和威胁	内部优势(S)	内部劣势(W)
外部机会(O)	SO 战略 依靠内部优势，利用外部机会	WO 战略 利用外部机会，克服内部劣势
外部威胁(T)	ST 战略 利用内部优势，回避外部威胁	WT 战略 减少内部劣势，回避外部威胁

4. 公司的发展战略

公司的发展战略有三大类，每一类又含有三种形式，如表 5-2 所示。

表 5-2 企业发展战略

密集性发展	一体化发展	多元化发展
市场渗透	后向一体化	同心多元化
市场开发	前向一体化	横向多元化
产品开发	水平一体化	混合多元化

1) 密集性发展

密集性发展战略又称"集约型发展战略"，是指企业为了获得较好的利润，在原有的经营范围内，充分利用企业在产品市场方面的优势，扩大产品或劳务的销售额或市场占有率的一种战略。其基本形式有三种：市场渗透、市场开发和产品开发。

市场渗透是指企业生产的老产品在老市场上进一步渗透，扩大销量；市场开发是指用老产品去开发新市场；产品开发是指用改进老产品或开发新产品的方法来增加企业在老市场上的销售额。

2) 企业一体化战略

一体化战略是指通过资产纽带或契约方式，企业与其业务的输入端或输出端的企业联合或与相同的企业联合,形成一个统一的经济组织,从而达到降低交易费用及其他成本、提高经济效益的战略。

一体化战略又分为后向一体化战略、前向一体化战略和水平一体化战略。
- 后向一体化是沿着与企业当前业务的输入端有关的活动向上延伸,如制造企业通过控制或合并原材料、零部件供应企业实现产供一体化。
- 前向一体化是沿着与企业当前业务的输出端有关的活动向下延伸,如制造企业通过向前控制分销系统(如批发商、零售商)实现产销结合。
- 水平一体化即开展与企业当前业务相竞争或相补充的活动,如一家大零售商合并若干小零售店开办连锁商店。

3) 企业多元化战略

多元化战略是指一个企业同时在两个以上的行业从事生产经营活动,或者同时生产或提供两种以上基本经济用途不同的产品和服务的战略。如果公司所在行业的发展潜力已有限,而其他领域存在着很好的发展机会,或者公司所在领域虽有潜力可挖,但公司还有足够的资源进入新领域,而本行业之外又确实不乏发展的机会时,企业可选择多元化发展战略。

多元化战略又分为同心多元化、横向多元化、混合多元化等。

5. 企业战略计划

企业战略计划是将企业视为一个整体,为实现企业战略目标而制订的长期计划。企业战略计划的工作方式一般有以下 4 种。
- 自上而下的方法
- 自下而上的方法
- 上下结合的方法
- 设立特别小组的方法

企业战略计划的工作步骤如下。

(1) 确定各事业部战略目标,制定各事业部的战略方案。
(2) 确定各职能部门的任务及策略。
(3) 资源分配及资金预算。

6. 目标管理

目标管理是这样一种程序或过程:它使企业的上级与下级一起商定企业的共同目标,并由此决定上下级的责任和分目标,同时把这些目标作为经营、评估和奖励每个单位和个人贡献的标准。目标管理的步骤如下。

(1) 建立目标体系。将总目标分解为企业各内部单位的具体目标，形成目标体系。各项目标必须具体化、定量化，各目标间应相互协调，既具有挑战性，又要符合现实情况。

(2) 企业内各级之间在制定各级的各项目标时要经过充分的磋商，并取得一致意见。简单地将下级目标汇总不是目标管理，而是放弃领导；将预定的目标视为不可改变的，强迫下级接受也不是目标管理。

(3) 在目标确定的基础上，上级应授予下级实现目标所必需的各种权力。

(4) 定期检查，发现与目标相偏离时，上级应进行指导和帮助。

(5) 目标的达成情况要及时反馈，进行考核，并和奖惩制度挂钩。

【实验内容描述】

1. 团队合作完成第一年的模拟经营。
2. 为企业做 SWOT 分析，填制 SWOT 分析记录表。
3. 总结。

【实验步骤】

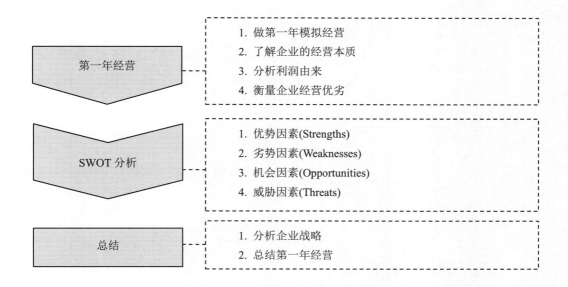

第一年运行记录

企业运营流程 请按顺序执行下列各项操作		每执行完一项工作，总经理在相应的方格内画钩 财务总监在方格中填写现金收支记录				
年初	新年度规划会议					
	参加订货会/支付广告费/登记销售订单					
	制订新年度计划					
	支付应付税					
1	季初现金盘点(请填余额)					
2	更新短期贷款/还本付息/申请短期贷款(高利贷)					
3	更新应付款/归还应付款					
4	原材料入库/更新原料订单					
5	下原料订单					
6	更新生产/完工入库					
7	投资新生产线/变卖生产线/生产线转产					
8	向其他企业购买原材料/出售原材料					
9	开始下一批生产					
10	更新应收款/应收款收现					
11	出售厂房					
12	向其他企业购买成品/出售成品					
13	按订单交货					
14	产品研发投资					
15	支付行政管理费					
16	其他现金收支情况登记					
17	现金收入合计					
18	现金支出合计					
年末	支付利息/更新长期贷款/申请长期贷款					
	支付设备维护费					
	支付租金/购买厂房					
	计提折旧					( )
	新市场开拓/ISO资格认证投资					
	结账					
19	期末现金对账(请填余额)					

现金预算表

	1	2	3	4
期初库存现金				
支付上年应交税				
市场广告投入				
贴现费用				
支付短期贷款利息				
支付到期短期贷款				
原料采购支付现金				
转产费用				
生产线投资				
支付加工费				
产品研发投资				
收到现金前的所有支出				
应收款到期				
支付管理费用				
支付长期贷款利息				
支付到期长期贷款				
设备维护费用				
租金				
购买新建筑				
市场开拓投资				
ISO认证投资				
其他				
库存现金余额				

要点记录
第一季度：＿＿＿＿＿＿＿＿＿＿＿＿＿＿＿＿＿＿＿＿＿＿＿＿＿＿＿＿＿＿＿＿＿＿＿
第二季度：＿＿＿＿＿＿＿＿＿＿＿＿＿＿＿＿＿＿＿＿＿＿＿＿＿＿＿＿＿＿＿＿＿＿＿
第三季度：＿＿＿＿＿＿＿＿＿＿＿＿＿＿＿＿＿＿＿＿＿＿＿＿＿＿＿＿＿＿＿＿＿＿＿
第四季度：＿＿＿＿＿＿＿＿＿＿＿＿＿＿＿＿＿＿＿＿＿＿＿＿＿＿＿＿＿＿＿＿＿＿＿

订单登记表

订单号										合计
市场										
产品										
数量										
账期										
销售额										
成本										
毛利										
罚款										

组间交易明细表

买入			卖出		
产品	数量	金额	产品	数量	金额

产品核算统计表

	P1	P2	P3	P4	合计
数量					
销售额					
成本					
毛利					

综合管理费用明细表

项　　目	金　　额	备　　注
管理费		
广告费		
维修费		
租　金		
转产费		
ISO 资格认证		□ISO 9000　　□ISO 14000
市场准入开拓		□区域　　□国内　　□亚洲　　□国际
产品研发		P2(　)　P3(　)　P4(　)
其　他		
合　计		

利　润　表

项　　目	上　年　数	本　年　数
销售收入		
直接成本		
毛利		
综合费用		
折旧前利润		
折旧		
支付利息前利润		
财务收入/支出		
其他收入/支出		
税前利润		
所得税		
净利润		

资产负债表

资　　产	期初数	期末数	负债和所有者权益	期初数	期末数
流动资产：			负债：		
现金			长期负债		
应收款			短期负债		
在制品			应付账款		
成品			应交税金		
原料					
流动资产合计			负债合计		
固定资产：			所有者权益：		
土地和建筑			股东资本		
机器与设备			利润留存		
在建工程			年度净利		
固定资产合计			所有者权益合计		
资产总计			负债和所有者权益总计		

实验内容记录表：SWOT 分析

实验题目：SWOT 分析		
实验时间： 　　　实验成员：		
内部优势和劣势　　　　　　　　　外部机会和威胁	内部优势(S)	内部劣势(W)
外部机会(O)	SO 战略 依靠外部优势，利用外部机会	WT 战略 利用外部机会，克服内部劣势
外部威胁(T)	ST 战略 利用内部优势，回避外部威胁	WT 战略 减少内部劣势，回避外部威胁

实验五 感性经营——第一年

【总结与反思】

第一年总结

这是你们自主当家的第一年,感觉如何?是不是一个有收获的年度?你们的战略执行得怎么样?将你的感想记录下来并和你的团队分享。

学会什么,记录知识点:
企业经营遇到哪些问题?
下一年准备如何改进?

实验六

理性经营——第二年

【单元实验目的】

1. 了解市场营销管理的相关概念。
2. 掌握市场营销分析决策方法和工具、市场营销运行技巧。
3. 理解市场营销的精髓及其与企业战略、财务管理、人力资源管理、运营管理、物流管理、信息化管理等企业管理各环节的交互作用和联系。
4. 掌握将营销知识与企业实践结合起来以解决企业实际问题的方法。

【实验准备知识】

1. 市场营销的概念

市场营销是从卖方的立场出发,以买主为对象,在不断变化的市场环境中,以顾客需求为中心,通过交易程序,提供和引导商品或服务到达顾客手中,满足顾客需求与利益,从而获取利润的企业综合活动。

2. 市场营销的基本职能

(1) 与市场紧密联系,收集有关市场营销的各种信息、资料,开展市场营销研究,分析营销环境,以及竞争对手和顾客需求、购买行为等,为市场营销决策提供依据。

(2) 根据企业的经营目标和企业内外部环境,结合企业的有利和不利因素,确定企业的市场营销目标和营销方针。

(3) 制定市场营销决策。

- 细分市场,选择目标市场。
- 制定产品决策。
- 制定价格决策。
- 制定销售渠道决策。
- 制定沟通决策。
- 组织售前、售中、售后服务,方便顾客。
- 制定并综合运用市场营销组合策略,以及市场竞争策略。
- 制定市场发展战略。

(4) 市场营销计划的编制、执行和控制。

(5) 销售事务与管理。建立与调整营销组织,制定销售及一般交易的程序和手续、销售合同管理,营销人员的培训、激励与分配等管理。

3. 营销战略规划的基本程序

(1) 企业内外部环境分析。

(2) 市场细分、目标市场选择与市场定位。

(3) 确定营销目标。

(4) 确定市场营销策略组合。

(5) 实施和控制市场营销活动。

4. 波士顿矩阵法

波士顿矩阵法使用"销售增长率—市场占有率"区域图,对企业的各个业务单位进行分类和评估,如图6-1所示。

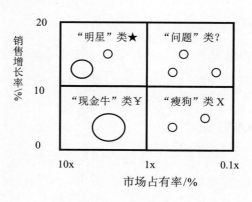

图6-1 波士顿矩阵

图中纵向表示销售增长率,即产品销售额的年增长速度,用数字表示为 0~20%,其中以 10%(也可以设为其他临界值)为临界线分为高低两部分;横向表示业务单位的市场占有率与最大竞争对手市场占有率之比,称为相对市场占有率。相对市场占有率用对数尺度画出,所以等距离代表相同的增长百分比,这一点非常重要。以 1x 为分界线分为高低两个部分。如果相对市场份额是 0.1x,则意味着公司的销售量只是最大竞争者销售量的 0.1 倍,即 10%;10x 意味着公司的业务单位是市场领导者且其销售额是市场上位居第二的公司的 10 倍。

销售增长率反映产品的成长机会和发展前途;相对市场占有率则表明企业的竞争实力大小。区域中的圆圈代表企业的各业务单位,圆圈的位置表示该业务单位销售增长率和相对市场占有率的现状;圆圈的面积表示该业务单位的销售额大小,各项业务按金额计算的规模与圆圈的面积成正比。

图中的四个象限分别代表四类不同的业务单位。

1) "问题"类

销售增长率高而相对市场占有率低的业务单位。大多数业务单位最初都处于这一象限,这类业务单位需要较多的投入,以赶上最大竞争对手和适应迅速增长的市场需求,但是它们又都前途未卜,难以确定前景。企业必须慎重考虑是对它们继续增加投入,还是维持现状,或者淘汰。

2) "明星"类

问题类业务如果经营成功,就会成为明星类。该业务单位的销售增长率和相对市场占有率都较高,因其销售增长迅速,企业必须大量投入资源以支持其快速发展,所以需要大量的现金投入,是企业业务中的"现金使用者"。待其销售增长率下降时,这类业务就从"现金使用者"变为"现金提供者",即变为"现金牛"类业务单位。

3) "现金牛"类

销售增长率低,市场占有率相对高的单位。由于销售增长率放缓,不再需要大量资源投入;又由于相对市场占有率较高,这些业务单位可以产生较高的收益,支援其他业务的生存和发展。"现金牛"业务是企业的财源,这类业务单位越多,企业的实力越强。

4) "瘦狗"类

销售增长率和相对市场占有率都较低的业务单位。它们或许能提供一些收益,但盈利甚少甚至亏损,因而不应再追加资源投入。

在对各业务单位进行分析之后,企业应参考如图 6-2 和图 6-3 所示的动态波士顿矩阵,着手制订业务组合计划,确定对各个业务单位的投资策略。可供选择的战略有以下四种。

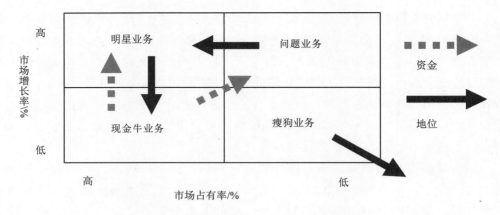

图 6-2 动态波士顿矩阵：理想环

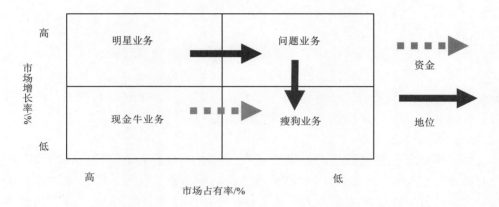

图 6-3 动态波士顿矩阵：失败环

1) 发展战略

提高业务的市场占有率，必要时可放弃短期目标。该战略适用于"问题"类业务，通过发展有潜力的"问题"类业务，可使之尽快转化为"明星"类业务。

2) 保持战略

目标是保持业务的市场占有率，适用于"现金牛"类业务，该类业务单位大多处于成熟期，采取有效的营销策略延长其盈利是完全可能的。

3) 缩减战略

目标是尽可能地在有关业务上获取短期收益，而不过多地考虑长期效果。该战略适用于"现金牛"类业务，也适用于"问题"和"瘦狗"类业务。

4) 放弃战略

通过变卖或处理某些业务单位，把有限的资源用于其他效益较高的业务。该战略主要适用于"瘦狗"类业务或无发展前途、消耗盈利的"问题"类业务。

5. 市场需求调查和预测

某种产品的市场需求是指在特定的地理区域、时间、营销环境中，特定的顾客愿意购买的产品总量。市场需求调查的内容如下。

- 市场需求总量
- 销售量预测

市场需求总量受以下六个因素的影响。

- 产品
- 顾客
- 地理区域
- 时间环境
- 营销环境
- 营销费用投入

6. 产品生命周期

产品生命周期是产品从试制成功投入市场开始直到最后被淘汰退出市场为止所经历的全部时间。产品生命周期划分为导入期、成长期、成熟期和衰退期四个阶段，如图6-4所示。

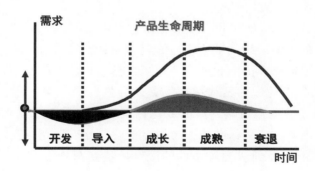

图6-4 产品生命周期曲线

产品市场生命周期特征如表6-1所示。

表6-1 产品市场生命周期特征

特 征 项	导 入 期	成 长 期	成 熟 期	衰 退 期
销售量	低	剧增	最大	衰退
顾客成本	高	一般	低	低
利润	亏损	利润增长	利润高	利润下降

(续表)

特征项	导入期	成长期	成熟期	衰退期
顾客	创新者	早期接受者	中间主要一族	落后者
竞争者	很少	增多	数量稳定、开始下降	数量下降
营销目标	创建产品知名度	市场份额达到最大	保护市场份额的同时争取最大利润	减少开支,挤出品牌剩余价值

研究产品生命周期各阶段的特点,以及产品生命周期的销售情况和获利能力随产品生命周期变化的趋势,有助于企业分析判断企业的各类产品现在处于什么阶段,未来发展趋势如何,以便企业采取正确的营销策略。

7. 市场细分与市场定位

1) 市场细分

市场细分是指通过市场调研,依据消费者需要和欲望、购买习惯和购买行为等方面的差异,把某一产品的市场整体划分为若干消费者群的市场分类过程。每一个需求特点相类似的消费者群就构成一个细分市场。

市场细分是选择目标市场的基础。

2) 目标市场选择策略

目标市场的选择一般有以下三种策略。

- 无差异营销策略:指企业不进行市场细分,把整个市场作为目标市场。
- 差异性营销策略:指企业将整个市场细分后,选择两个或两个以上,直至所有的细分市场作为其目标市场。差异性营销策略包括完全差异性营销策略、市场专业化策略、产品专业化策略和选择性专业化策略。
- 集中性营销策略:又称产品—市场专业化策略,指企业在对整体市场进行细分后,由于受到资源等条件的限制,决定只选取其中一个细分市场作为企业的目标市场,以某种市场营销组合集中实施于该目标市场。

3) 市场定位

市场定位就是使企业产品具有一定的特色,适应目标市场一定的需求和爱好,塑造产品在目标客户心目中的良好形象和合适的位置。市场定位的实质就在于取得目标市场的竞争优势,确定产品在目标顾客心目中的适当位置并留下值得购买的印象,以吸引更多的客户。

8. 品牌及品牌策略

1) 品牌的概念

品牌是商品的商业名称及其标识的统称,通常由文字、标记、符号、图案、颜色及它们的不同组合等构成。品牌通常由三部分构成：品牌名称、商标和其他品牌标志。

品牌是企业可利用的无形资产，有利于开展商品广告宣传和推销工作；有助于树立企业良好的形象；有利于企业推出新产品。

2) 品牌策略

品牌策略是品牌竞争方式、品牌服务对象及品牌内涵(属性及其功能和价值)的总和。企业可以选择适用的品牌策略，具体包括品牌化策略、品牌提供者策略、品牌地位策略、品牌质量策略、品牌种族策略、品牌延展策略、品牌重塑策略。

9. 市场营销组合

市场营销组合是指企业为了进入某一特定的目标市场，在全面考虑其任务、目标、资源及外部环境的基础上，对企业可以控制的各种营销手段进行选择、搭配、优化组合、综合运用，以满足目标市场的需要，获取最佳经济效益的一种经营理念。

1) 4P 营销组合要素
- 产品——Product
- 价格——Price
- 分销——Place
- 促销——Promotion

2) 4C 营销组合要素
- 消费者的需求和愿望——Customer needs and wants
- 消费者愿意支付的成本——Cost to the customer
- 消费者购买的便利性——Convenience
- 与消费者的沟通——Communication

企业的市场营销活动应该以消费者为中心，发现消费者的需求，以最低的成本、最大的便利性提供产品以满足消费者的需求；同时保持同消费者的充分沟通，通过沟通达到传递信息、刺激销售的目的。

3) 4R 营销组合要素
- 关联——Related
- 反应——Reaction
- 关系——Relationship
- 回报——Reward

10. 营销计划的内容

- 计划概要：对主要营销目标和措施做概括的说明。
- 分析当前营销状况。
- SWOT 分析。
- 拟定营销目标。
- 列出主要的营销策略。
- 提出行动方案。
- 预算方案。
- 控制：年度计划控制、获利性控制、效率控制、战略控制。

【实验内容描述】

1. 团队合作完成第二年的模拟经营。
2. 做波士顿矩阵分析。
3. 总结。

【实验步骤】

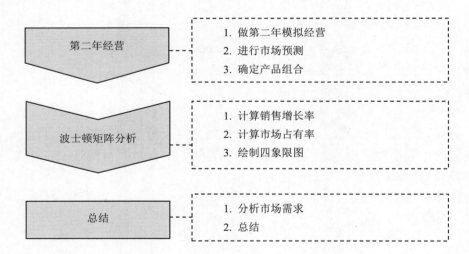

实验六 理性经营——第二年

第二年运行记录

企业运营流程 请按顺序执行下列各项操作		每执行完一项工作,总经理在相应的方格内画钩 财务总监在方格中填写现金收支记录				
年初	新年度规划会议					
	参加订货会/支付广告费/登记销售订单					
	制订新年度计划					
	支付应付税					
1	季初现金盘点(请填余额)					
2	更新短期贷款/还本付息/申请短期贷款(高利贷)					
3	更新应付款/归还应付款					
4	原材料入库/更新原料订单					
5	下原料订单					
6	更新生产/完工入库					
7	投资新生产线/变卖生产线/生产线转产					
8	向其他企业购买原材料/出售原材料					
9	开始下一批生产					
10	更新应收款/应收款收现					
11	出售厂房					
12	向其他企业购买成品/出售成品					
13	按订单交货					
14	产品研发投资					
15	支付行政管理费					
16	其他现金收支情况登记					
17	现金收入合计					
18	现金支出合计					
年末	支付利息/更新长期贷款/申请长期贷款					
	支付设备维护费					
	支付租金/购买厂房					
	计提折旧					( )
	新市场开拓/ISO 资格认证投资					
	结账					
19	期末现金对账(请填余额)					

现金预算表

	1	2	3	4
期初库存现金				
支付上年应交税				
市场广告投入				
贴现费用				
支付短期贷款利息				
支付到期短期贷款				
原料采购支付现金				
转产费用				
生产线投资				
支付加工费				
产品研发投资				
收到现金前的所有支出				
应收款到期				
支付管理费用				
支付长期贷款利息				
支付到期长期贷款				
设备维护费用				
租金				
购买新建筑				
市场开拓投资				
ISO 认证投资				
其他				
库存现金余额				

要点记录

第一季度：_____

第二季度：_____

第三季度：_____

第四季度：_____

订单登记表

订单号										合计
市场										
产品										
数量										
账期										
销售额										
成本										
毛利										
罚款										

组间交易明细表

买 入			卖 出		
产 品	数 量	金 额	产 品	数 量	金 额

产品核算统计表

	P1	P2	P3	P4	合计
数量					
销售额					
成本					
毛利					

综合管理费用明细表

项　　目	金　　额	备　　注
管理费		
广告费		
维修费		
租　金		
转产费		
ISO 资格认证		□ISO 9000　　□ISO 14000
市场准入开拓		□区域　　□国内　　□亚洲　　□国际
产品研发		P2(　)　P3(　)　P4(　)
其　他		
合　计		

利 润 表

项　目	上 年 数	本 年 数
销售收入		
直接成本		
毛利		
综合费用		
折旧前利润		
折旧		
支付利息前利润		
财务收入/支出		
其他收入/支出		
税前利润		
所得税		
净利润		

资产负债表

资　产	期初数	期末数	负债和所有者权益	期初数	期末数
流动资产：			负债：		
现金			长期负债		
应收款			短期负债		
在制品			应付账款		
成品			应交税金		
原料					
流动资产合计			负债合计		
固定资产：			所有者权益：		
土地和建筑			股东资本		
机器与设备			利润留存		
在建工程			年度净利		
固定资产合计			所有者权益合计		
资产总计			负债和所有者权益总计		

实验内容记录表：波士顿矩阵分析

实验题目：波士顿矩阵分析	
实验时间：	实验成员：

实验步骤：

(1) 计算销售增长率 MS_i。

销售增长率是指产品销售额的年增长速度。

销售增长率＝本年销售增长额÷上年销售额×100%

＝(本年销售额－上年销售额)÷上年销售额×100%

$MS_{p1}=$

$MS_{p2}=$

$MS_{p3}=$

$MS_{p4}=$

(2) 计算相对市场占有率 RMS_i。

相对市场占有率是指企业经营单位的市场占有率相对于最大竞争者的市场占有率的比率。

相对市场占有率＝某产品本企业销售额÷最大竞争对手销售额×100%

$RMS_{p1}=$

$RMS_{p2}=$

$RMS_{p3}=$

$RMS_{p4}=$

(3) 绘制四象限图。

以 10%的销售增长率和 20%的市场占有率为高低标准分界线，将坐标图划分为四个象限。然后把企业全部产品按其销售增长率和市场占有率的大小，在坐标图上标出其相应位置(圆心)。

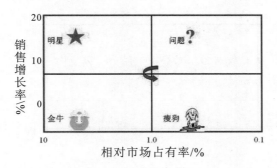

(4) 各产品制定相应市场经营策略。

P1:

P2:

P3:

P4:

【总结与反思】

第二年总结

现在已经是第二年了，你肯定获得了很多不同于第一年的感受，渐渐从感性走向理性。将你的感想记录下来和你的团队分享。

学会什么，记录知识点：
企业经营遇到哪些问题？
下一年准备如何改进？

SWOT分析和波士顿矩阵分析法有哪些共同点和不同点？应该如何在实践中灵活运用这两种分析方法？

※波士顿矩阵法的实质是为了通相对市场占有率组合实现企业的现金流量平衡。※

实验七

全成本核算——第三年

【单元实验目的】

1. 了解企业发展过程中资金的重要性,掌握使用和筹集资金的方法。
2. 掌握财务预测和预算的方法,学会在预算的基础上进行财务控制。
3. 掌握分析企业的偿债能力、资金的使用效率、盈利能力、现金流和成长力的方法。

【实验准备知识】

1. 财务管理

(1) 什么是财务管理?

财务管理是以资本收益最大为目标,对企业资本进行优化配置和有效利用的一种资本运作活动。财务管理的内容包括以下几项。

- 长期投资决策
- 长期筹资决策
- 流动资产管理
- 财务分析
- 财务预算

(2) 什么是资本?

资本是指能够在运动中不断增值的价值,这种价值表现为企业为进行生产经营活动所垫支的货币。

资本具有稀缺性、增值性、控制性。

企业资本来源于两个方面：一是作为债权人所有的债务资本，二是作为所有者所有的权益资本。

(3) 什么是财务管理工具？

财务管理工具是指财务管理所采用的各种技术和方法的总称。财务管理工具包括财务计划、财务控制和财务分析。财务计划又以财务预测和财务决策为基础。

① 财务预测。财务预测是指利用企业过去的财务活动资料，结合市场变动情况，对企业未来财务活动的发展趋势做出科学的预计和测量，以便把握未来，明确方向。

财务预测一般包括流动资产需要量预测、固定资产需要量预测、成本费用预测、销售收入预测、利润总额与分配预测及长短期投资预测等。

② 财务决策。财务决策是指财务人员根据财务目标的总要求，运用专门的方法，从各种备选方案中选择最佳方案的过程。

财务决策一般包括筹资决策、投资决策、股利决策和其他决策。筹资决策主要解决如何以最小的资本成本取得企业所需要的资本，并保持合理的资本结构，包括确定筹资渠道和方式、筹资数量和时间、筹资结构比例关系等；投资决策主要解决投资对象、投资数量、投资时间、投资方式和投资结构的优化选择问题；股利决策主要解决股利的合理分配问题，包括确定股利支付比率、支付时间、支付数额等；其他决策包括企业兼并与收购决策、企业破产与重整决策等。

③ 财务控制。财务控制就是依据财务计划目标，按照一定的程序和方式，发现实际偏差与纠正偏差，确保企业及其内部机构和人员全面实现财务计划目标的过程。

财务控制按照控制的时间分为事前控制、事中控制和事后控制；按照控制的依据分为预算控制和制度控制；按照控制的对象分为收支控制和现金控制；按照控制的手段分为绝对数控制和相对数控制。

④ 财务分析。财务分析是以企业会计报表信息为主要依据，运用专门的分析方法，对企业财务状况和经营成果进行解释和评价，以便于投资者、债权人、管理者及其他信息使用者做出正确的经济决策。

财务分析的方法一般有比率分析、结构分析、比较分析、趋势分析。

- 比率分析。比率分析法是对财务报表内两个或两个以上项目之间的关系进行分析，它用相对数表示，又称为财务比率。该比率可以揭示企业的财务状况及经营成果。比率分析是一种简单、方便、广为应用的分析方法，只要具有一个财政年度及以上的资产负债表和利润表，就能完整地分析一家公司的基本经营状况。

- 结构分析。结构分析法是把一张报表中的总合计作为分母,其他各项目作为分子,以求出每一项目在总合计中的百分比,如百分比资产负债表、百分比利润表。这种分析的作用是要发现异常项目。
- 比较分析。比较分析是将本期报表数据与本企业预算或标杆企业或行业平均水平做对比,以找出实际与预算的差异或与先进企业的差距。比较分析的作用是要发现企业自身的问题。
- 趋势分析。趋势分析是将三个年度以上的数据,就相同的项目,做多年度高低走向的观察,以判断企业的发展趋向。

(4) 企业的基本财务活动包括哪些内容?

企业基本财务活动包括筹资、投资及收益分配。

(5) 什么是资本金?

资本金是指企业在工商行政管理部门登记的注册资金。所有者对企业投入的资本金是企业从事正常经济活动、承担经济责任的物质基础,是企业在经济活动中向债权人提供的基本财务担保。

(6) 什么是长期借款?

长期借款是企业向银行或非银行金融机构借入的期限超过一年的贷款。长期借款主要用于企业的固定资产购置和满足长期流动资金占用的需要。长期借款按用途不同分为固定资产投资贷款、更新改造贷款、科技开发和新产品试制贷款等。

(7) 什么是资本成本?

资本成本是指企业为取得和长期占用资产而付出的代价,包括资本的取得成本和占用成本。

资本的取得成本是指企业在筹措资金过程中所发生的各种费用。资金的占用成本是指企业因占用资本而向资本提供者支付的代价,如长期借款利息、长期债券利息、优先股股息、普通股的红利等。

(8) 什么是营运资本?

营运资本指投入于流动资产的那部分成本。流动资产包括现金和有价证券、应收账款和存货,是企业从购买原材料进行生产,直至销售产品收回货款这一生产和营销活动过程中所必需的资产。

营运资本决策的主要内容包括以下内容。

- 收账和现金支付
- 筹集短期资金
- 流动性管理
- 应收账款管理
- 存货管理

(9) 什么是投资回收期？

投资回收期是指在不考虑资金、时间、价值的前提下，用投资项目所得的净现金流量来回收项目初始投资所需的年限。投资回收期越短，投资效益越好。

投资回收期法是长期投资决策的一种基本方法。

(10) 预算与预算管理。

① 什么是预算？

预算是经营决策和长期决策目标的一种数量表现，即通过有关的数据将企业全部经营活动的各项目标具体、系统地反映出来。

预算的作用主要表现在四个方面：明确目标、协调平衡、日常控制、业绩评价。

常用的编制预算的方法包括弹性预算、零基预算、概率预算、滚动预算。

② 预算的内容包括哪些？

预算的内容主要包括经营预算、财务预算和专门预算。

经营预算是与企业日常经营活动有关的预算，主要包括销售预算、生产预算、直接材料预算、直接人工预算、制造费用预算、单位生产成本和期末存货预算、销售及管理费用预算。

财务预算是与企业现金收支、经营成果和财务状况有关的预算，主要包括现金收支预算、预计利润表、预计资产负债表。

专门预算是与企业的固定资产投资有关的预算，也称为资本支出预算。

预算的完整体系如图 7-1 所示。

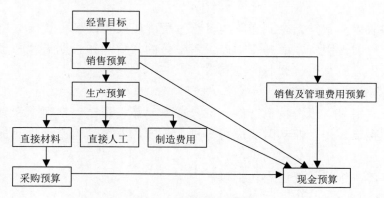

图 7-1　预算的完整体系

2. 经典财务分析法

1) 五力分析

近年来，人们常用五力分析来综合评价一个企业，五力包括收益力、成长力、安定力、活动力、生产力五个方面。如果企业的上述五项能力处于优良水平，就说明企业的业绩优良。财务上讲求定量分析，用数字说话，下面我们把五力分析具体到可以量化的指标。

(1) 收益力。收益力表明企业是否具有盈利的能力。收益力从以下四个指标入手进行定量分析，分别是毛利率、销售利润率、总资产收益率、净资产收益率。

① 毛利率。毛利率是经常使用的一个指标。在"ERP 沙盘模拟"课程中，它的计算公式为：

$$毛利率＝(销售收入－直接成本)÷销售收入$$

毛利率说明了什么问题呢？理论上讲，毛利率说明了每 1 元销售收入所产生的利润。更进一步思考，毛利率是获利的初步指标，但利润表反映的是企业所有产品的整体毛利率，不能反映每个产品对整体毛利的贡献，因此还应该按产品计算毛利率。

② 销售利润率。销售利润率是毛利率的延伸，是毛利减掉综合费用后的剩余。在"ERP沙盘模拟"课程中，它的计算公式为：

$$销售利润率＝折旧前利润÷销售收入＝(毛利－综合费用)÷销售收入$$

本指标代表了主营业务的实际利润，反映企业主业经营的好坏。两个企业可能在毛利率一样的情况下，最终的销售利润率却不同，原因就是三项费用不同。

③ 总资产收益率。总资产收益率(ROA)是反映企业资产的盈利能力的指标，它包含了财务杠杆概念的指标，它的计算公式为：

$$ROA=\frac{净利润}{总资产}=\frac{净利润}{销售额}\times\frac{销售额}{总资产}＝销售利润率\times资产周转率$$

④ 净资产收益率。净资产收益率(ROE)衡量的是股东平均每投入一元钱产生了多少利润，非常类似股票市场上的"每股收益"的概念。它的计算公式为：

$$ROE=\frac{净利润}{权益}=\frac{净利润}{总资产}\times\frac{总资产}{权益}=ROA\times\frac{1}{1-资产负债率}$$

这项指标是投资者最关心的指标之一，也是公司的总经理向公司董事会年终交卷时关注的指标。但它涉及企业对负债的运用。根据负债的多少可以将经营者分为激进型、保守型。

负债与净资产收益率的关系是显而易见的。在总资产收益率相同时，负债的比率对净资产收益率有着放大和缩小的作用。

例如，有 A、B、C 三个企业，总资产相同，负债不同，比较计算相关指标如表 7-1 所示。可以看到，企业 C 的股东投资只有 10 万元，利润是 4 万元，每 1

元钱的投资回报是 0.4 元。其他两个企业都小于这个数值。

表 7-1 总资产收益率相同负债不同的三个企业相关指标计算对比

企业	A	B	C
资产(万元)	100	100	100
负债(万元)	0	50	90
净利润(万元)	15	15	4
ROA	15%	15%	4%
ROE	15%	30%	40%

(2) 成长力。成长力表示企业是否具有成长的潜力,即持续盈利能力。

成长力指标主要由三个反映企业经营成果增长变化的指标组成:销售收入成长率、利润成长率和净资产成长率。

① 销售收入成长率。这是衡量产品销售收入增长的比率指标,以衡量经营业绩的提高程度,指标值越高越好。计算公式为:

销售收入成长率=(本期销售收入-上期销售收入)÷上期销售收入

② 利润成长率。这是衡量利润增长的比率指标,以衡量经营效果的提高程度,指标值越高越好。计算公式为:

利润成长率=(本期息前利润-上期息前利润)÷上期息前利润

③ 净资产成长率。这是衡量净资产增长的比率指标,以衡量股东权益提高的程度。对于投资者来说,这个指标是非常重要的,它反映了净资产的增长速度,其公式为:

净资产成长率=(本期净资产-上期净资产)÷上期净资产

成长力指标都是由本期资料与同一项目以前几期(如上期)的资料进行比较,看其趋势。因此,投资者可以根据考察目标选取不同的项目或指标进行成长力分析。

(3) 安定力。这是衡量企业财务状况是否稳定、会不会有财务危机的指标。由四个指标构成,分别是流动比率、速动比率、固定长期适合率和资产负债率。

① 流动比率。流动比率的计算公式为:

流动比率=流动资产÷流动负债

这个指标体现企业偿还短期债务的能力。流动资产越多,短期债务越少,则流动比率越大,企业的短期偿债能力越强。一般情况下,运营周期、流动资产中的应收账款数额和存货的周转速度是影响流动比率的主要因素。

② 速动比率。速动比率比流动比率更能体现企业偿还短期债务的能力。其公式为：

速动比率＝速动资产÷流动负债
　　　　＝(流动资产－在制品－产成品－原材料)÷流动负债

从公式中可以看出，在流动资产中，尚包括变现速度较慢且可能已贬值的存货，因此将流动资产扣除存货再与流动负债对比，以衡量企业的短期偿债能力。一般低于 1 的速动比率通常被认为是短期偿债能力偏低。影响速动比率的可信性的重要因素是应收账款的变现能力，账面上的应收账款不一定都能变现，也不一定非常可靠。

③ 固定长期适合率。固定长期适合率的计算公式为：

固定长期适合率＝固定资产÷(长期负债＋所有者权益)

这个指标应该小于 1，说明固定资产的购建应该使用还债压力较小的长期贷款和股东权益，这是因为固定资产建设周期长，且固化的资产不能马上变现。如果用短期贷款来购建固定资产，由于短期内不能实现产品销售而带来现金回笼，势必造成还款压力。

④ 资产负债率。这是反映债权人提供的资本占全部资本的比例，该指标也被称为负债经营比率。其公式为：

资产负债率＝负债÷资产

负债比率越大，企业面临的财务风险越大，获取利润的能力也越强。如果企业资金不足，依靠欠债维持，导致资产负债率特别高，偿债风险则需要特别注意。资产负债率在 60%～70%时，比较合理、稳健，当达到 85%及以上时，视为发出预警信号，企业应引起足够的注意。

资产负债率指标不是绝对指标，需要根据企业本身的条件和市场情况判定。

(4) 活动力。活动力是从企业资产的管理能力方面对企业的经营业绩进行评价，主要包括四个指标，应收账款周转率、存货周转率、固定资产周转率和总资产周转率。

① 应收账款周转率(周转次数)。应收账款周转率是在指定的分析期间内应收账款转为现金的平均次数，指标越高越好。其公式为：

应收账款周转率(周转次数)＝当期销售净额÷当期平均应收账款
　　　　　　　　　　　＝当期销售净额÷[(期初应收账款＋期末应收账款)÷2]

应收账款周转率越高，说明其收回越快。反之，说明营运资金过多呆滞在应收账款上，影响正常资金的周转及偿债能力。

周转率可以年为单位计算，也可以季、月、周计算。

② 存货周转率。这是反映存货周转快慢的指标，它的计算公式为：

存货周转率＝当期销售成本÷当期平均存货

＝当期销售成本÷[(期初存货余额＋期末存货余额)÷2]

从指标本身来说，销售成本越大，说明因为销售而转出的产品越多。销售利润率一定，赚得利润就越多。库存越小，周转率越大。

这个指标可以反映企业中采购、库存、生产、销售的衔接程度。衔接得好，原材料适合生产的需要，没有过量的原料，产成品(商品)适合销售的需要，从而没有积压。

③ 固定资产周转率。固定资产周转率的计算公式为：

固定资产周转率＝当期销售净额÷当期平均固定资产

＝当期销售净额÷[(期初固定资产余额＋期末固定资产余额)÷2]

如果是制造业或交通运输业，则要计算固定资产周转率。这项指标的含义是固定资产占用的资金参加了几次经营周转，赚了几次钱，用以评价固定资产的利用效率，即产能是否充分发挥。资产周转率越高，企业资金周转越快，赚钱的速度越快，赚得钱就越多。

④ 总资产周转率。总资产周转率指标用于衡量企业运用资产赚取利润的能力。经常和反映盈利能力的指标一起使用，全面评价企业的盈利能力。其公式为：

总资产周转率＝当期销售净额÷当期平均总资产

＝销售净额÷[(期初资产总额＋期末资产总额)÷2]

该项指标反映总资产的周转速度，周转越快，说明销售能力越强。企业可以采用薄利多销的方法，加速资产周转，带来利润绝对额的增加。

(5) 生产力。生产力是衡量人力资源的产出能力的指标。通过计算以下两个指标衡量。

人均利润＝当期利润总额÷当期平均职工人数

＝当期利润总额÷[(期初职工人数＋期末职工人数)÷2]

人均利润指标衡量人力投入与利润之间的关系。指标越大越好。

人均销售收入＝当期销售净额÷当期平均职工人数

＝当期销售净额÷[(期初职工人数＋期末职工人数)÷2]

人均销售收入指标衡量人力投入与销售收入之间的关系。指标数值越大越好。

生产力指标旨在说明：企业规模扩大，员工数量增加，增加的这些员工生产是否有效率。

经营业绩综合评价的主要目的是与行业或特定的对手相比,发现自己的差距,以便在日后的经营中加以改进。在模拟训练中,一般参加训练的多个公司是同一个行业,所进行的分析可以理解为同行业中的对比分析,以发现自己公司与行业的平均水平之间的差别。

计算出企业的各项经营比率后,各项单个的数据给人的印象是散乱的,我们无法判断企业整体的经营在同行业中处于一种什么样的位置。而通过图表可以清晰地反映出数据的各种特征,雷达图是专门用来进行多指标体系分析的专业图表。

雷达图通常由一组坐标轴和三个同心圆构成。每个坐标轴代表一个指标。同心圆中最小的圆表示最差水平或是平均水平的 1/2;中间的圆表示标准水平或是平均水平;最大的圆表示最佳水平或是平均水平的 1.5 倍。其中,中间的圆与外圆之间的区域称为标准区,如图 7-2 所示。在雷达图上,企业的各项经营指标比率分别标在相应的坐标轴上,并用线段将各坐标轴上的点连接起来。图中坐标 1 值为行业的平均值,如果某项指标位于平均线以内,说明该指标有待改进。而对于接近甚至低于最小圆的指标,则是危险信号,应分析原因,尽快改进。如果某项指标高于平均线,说明该企业相应方面具有优势。各种指标越接近外圆越好。

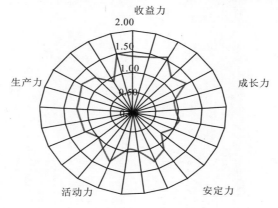

图 7-2　企业能力雷达图

2) 杜邦分析

财务管理是企业经营管理的核心之一,而如何实现股东财富最大化或公司价值最大化是财务管理的中心目标。任何一个公司的生存与发展都依赖于该公司能否创造价值。出于向投资者(股东)揭示经营成果和提高经营管理水平的需要,他们需要一套实用、有效的财务指标体系,以便据此评价和判断企业的经营绩效、经营风险、财务状况、获利能力和经营成果。杜邦财务分析体系就是一种比较实用的财务比率分析体系。这种分析方法最早由美国杜邦公司使用,故名杜邦分析法。

杜邦分析法利用几种主要的财务比率之间的关系来综合分析企业的财务状况,用来评价公司盈利能力和股东权益回报水平。它的基本思想是将企业净资产收益率(ROE)逐级分解为多项财务比率乘积,这样有助于深入分析比较企业经营业绩。

如图7-3所示,杜邦分析图解告诉我们,净资产收益率是杜邦分析的核心指标,这是因为,任何一个投资人投资某一特定企业,目的都在于希望该企业能给其带来更多的回报。因此,投资人最关心这个指标,同时,这个指标也是企业管理者制定各项财务决策的重要参考依据。通过杜邦分析,将影响这个指标的三个因素从幕后推向前台,使我们能够目睹它们的"庐山真面目"。所以在分析净资产收益率时,应该从构成该指标的三个因素分析入手。

为了找出销售利润率及总资产周转率水平高低的原因,可将其分解为财务报表有关项目,从而进一步发现问题产生的原因。销售利润率及总资产周转率与财务报表有关项目之间的关系可从杜邦分析图中一目了然。有了这张图,可以非常直观地发现是哪些项目影响了销售利润率,或者是哪个资产项目影响了资产周转率。

总资产收益率水平高低的原因可类似进行指标分解。总资产收益率低的原因可能在于销售利润率较低,也可能在于总资产周转率较低。如果属于前一种情况,则需要在开源节流方面挖掘潜力;倘若属于后一种情况,则需要提高资产的利用效率,减少资金闲置,加速资金周转。

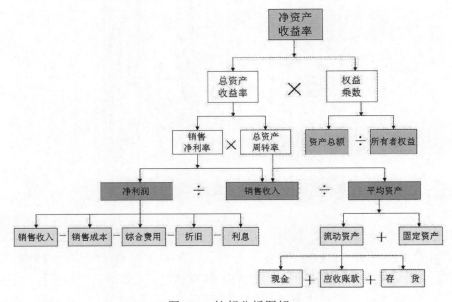

图7-3 杜邦分析图解

权益乘数反映企业的负债能力,指标越高,说明企业资产总额中的大部分是通过负债形成的,这样的企业将会面临较高的财务风险;指标越低,说明企业的财务政策比较稳健,较少负债,风险也小,但获得超额收益的机会也不会很多。

杜邦分析既涉及企业获利能力方面的指标(净资产收益率、销售利润率)，又涉及营运能力方面的指标(总资产周转率)，同时还涉及举债能力指标(权益乘数)，可以说杜邦分析法是一个三足鼎立的财务分析方法。

3) 全成本核算分析

企业经营的本质是获取利润，获取利润的途径是扩大销售或降低成本。企业成本由多项费用要素构成，了解各费用要素在总体成本中所占的比例，分析成本结构，从比例较高的费用支出项入手，是控制费用的有效方法。

在"ERP沙盘模拟"课程中，从销售收入中扣除直接成本、综合费用、折旧、利息后得到税前利润。明确各项费用在销售收入中的比例，可以清晰地指明思考方向。

$$费用比例 = 费用 \div 销售收入$$

这一指标反映的是，在单位销售额中，该项费用所占的成本比例。例如，广告费用成本分摊比率为0.23时，说明在1M销售额中，广告成本占23%。分摊越小，成本越低。

如果将各费用比例相加，再与1相比，则可以看出总费用占销售比例的多少，如果超过1，则说明支出大于收入，企业亏损，并可以直观地看出亏损的程度。

对"全成本核算分析"这一问题的思考框架应当基于图7-4。

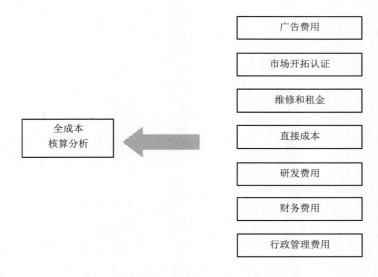

图7-4 "全成本核算分析"思考框架图

(1) 广告费用因素分析。广告效益不好的原因大致可以从以下几个方面考虑。

① 市场定位不清晰。最简单的原因就是没有进入毛利大、数量大的市场，订单量不足。结果是销售额过小，相对广告费用成本过高。

② 产品定位不清晰。有限的生产能力没有定位在毛利大的产品上，低端产品过多造成广告费用成本过高。

③ 对竞争对手分析不足。"理性"与"非理性"对手往往影响自己对广告费用投入的思考。缺乏对策会造成"优势订单"流失，或者成为盲目的"标王"，广告费用成本过高。

④ 缺乏费用预算控制。"预计销售额"与"费用预算"的关系考虑不足，如广告预算应当控制在"总计划销售额"的10%左右。

由上可以看出，降低广告费用的成本分摊是需要仔细分析的。广告费用效益的优劣评价原则是使用最小的广告投入，拿回价格恰当、满足可销售量的销售订单。

(2) 市场开拓与ISO认证费用因素分析。市场开拓与ISO认证费用效益不好的分析因素大致与广告费用情况相同，在此不再赘述。

(3) 设备维修与厂方租金费用因素分析。此项效益不好的分析因素大致可以从以下两个方面考虑。

① 缺乏生产线投资回报意识。所有生产线维修费用都是1M，但手工生产线产能只有1个，全自动线有4个。如图7-5所示，4个产品销售额分摊1M维修费用时，其成本一定是手工生产线的1/4。

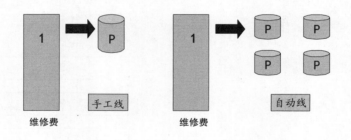

图7-5 产量与维护成本

② 误解资产与费用关系。许多同学认为在沙盘经营中"租厂房"更合适。其理由是租大厂房的租金每年只有5M，6年累计是30M；而大厂房购买的价格是40M。

其实购买厂房属于"资产形式转换"，将流动资金转换为固定资金，而租金是费用，将计入成本。由于这种误解，许多团队的租金成本很大，利润却不高。

由以上可以看出，降低维修费用与厂方租金费用的成本分摊是需要仔细分析的。维修费用效益提高的思路应当是"淘汰"产能低的生产线，特别是手工生产线；租金费用效益提升的思路应当是充分利用融资手段，购买厂房，降低租金。

(4) 直接成本因素分析。直接成本效益不好的分析因素大致可以考虑以下3点。

① 生产加工费用考虑不周。手工生产线生产高端产品时，加工费用很大。例

如，生产 P4 产品的加工费，手工线是 1M，但需三个季度，而全自动生产线加工费也为 1M，却只需一个季度。所以生产高端产品不应当使用手工生产线或者半自动生产线。

② 原材料问题考虑不周。目前，一般的规则是原材料价格为 1M。但如果将规则复杂化一些，批量采购可以优惠时，原材料价格将影响直接成本。

③ 订单价格因素的忽略。多数同学在选择订单时，对订单的价格因素考虑不够，特别是产品库存大积压时挑单往往"偏袒"于订单数量；现金流"窘迫"时"偏袒"于应收款期限。而对价格对于直接成本的隐含影响没有感觉。

例如，P1 产品的直接成本是 2M，但 P1 的销售价格差异极大，高价格可以达到 6M，低价格甚至只有 3M。若将 P1 卖 6M，则直接成本分摊只有 1/3；若价格为 3M，则成本分摊将是 2/3。

由以上可以看出，降低直接成本的成本分摊费是需要仔细分析的。直接成本效益提高的思路是"高端产品"使用全自动生产线，订单考虑销售价格因素。

(5) 研发因素分析。该项效益不好的分析因素应考虑以下两点。

① 产品定位不准。对各产品的毛利、产品生产周期的思考不清晰。例如，对 P4 产品过早投资研发则会造成不合理资金占用，过迟则影响销售量。结果势必造成研发成本过大。

② 资源使用过于分散。受主打产品生命周期"漂移"、资金流"窘迫"等因素影响，每年经营必须考虑"集中优势资源打歼灭战"。否则，势必造成资源使用过于分散，研发成本过高。

由以上可以看出，降低研发费用的成本分摊是需要仔细分析的。研发效益提高的思路应当是不同时期定位的主打产品。

(6) 财务费用因素分析。财务费用效益不好的分析因素大致可以考虑以下两点。

① 融资策略失当。各种贷款中利息最低的是"短期贷款"。如果对于资金链没有规划，没有"财务杠杆"意识，过多地进行长期贷款，甚至高利贷时，财务成本势必很大。

② 现金流控制失当。缺乏现金流控制意识，未理解"企业血脉"的重要含义。特别是没有进行全年计划的可行性判断。现金流诊断是沙盘经营中判断计划可行性的唯一标准。在现金流"危机"时过多地使用"贴现"，会造成财务成本很大。

由以上可以看出，降低财务费用的成本分摊是需要仔细分析的。财务费用效益提高的思路应当是融资的前瞻规划、资金链的时时控制。

(7) 行政管理费用因素分析。此项费用效益不好的分析因素只有一个：销售额太低。因为各团队的行政管理费用是相同的，每年 4M。销售额大，分摊比例自然就小。

一个企业"做大做强"的口号是有"次序"关系的。企业做大了，各项固定成本的分摊比率自然降低。

由以上可以看出,降低行政管理费用成本分摊的思路就是扩大销售规模。

(8) 全成本核算分析。将各项费用的成本分摊累加到一起,就形成了全成本核算数据。各个团队的数据可以形成对比,各团队可以有针对性地分析经营不善的原因,并找到管理改进的思路。

【实验内容描述】

1. 团队合作完成第三年的模拟经营。
2. 做五力分析。
3. 通过全成本核算分析法,找到管理改进的思路。
4. 总结。

【实验步骤】

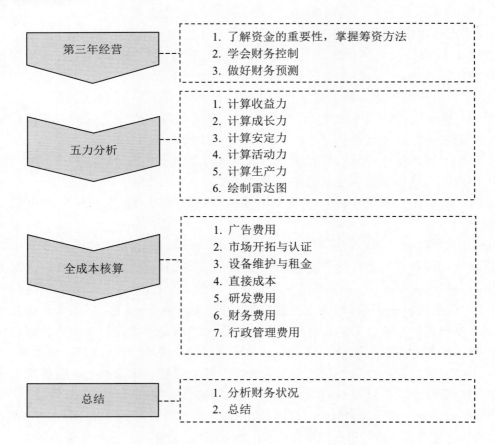

实验七　全成本核算——第三年

第三年运行记录

企业运营流程 请按顺序执行下列各项操作		每执行完一项工作，总经理在相应的方格内画钩 财务总监在方格中填写现金收支记录				
年初	新年度规划会议					
	参加订货会/支付广告费/登记销售订单					
	制订新年度计划					
	支付应付税					
1	季初现金盘点(请填余额)					
2	更新短期贷款/还本付息/申请短期贷款(高利贷)					
3	更新应付款/归还应付款					
4	原材料入库/更新原料订单					
5	下原料订单					
6	更新生产/完工入库					
7	投资新生产线/变卖生产线/生产线转产					
8	向其他企业购买原材料/出售原材料					
9	开始下一批生产					
10	更新应收款/应收款收现					
11	出售厂房					
12	向其他企业购买成品/出售成品					
13	按订单交货					
14	产品研发投资					
15	支付行政管理费					
16	其他现金收支情况登记					
17	现金收入合计					
18	现金支出合计					
年末	支付利息/更新长期贷款/申请长期贷款					
	支付设备维护费					
	支付租金/购买厂房					
	计提折旧					( )
	新市场开拓/ISO 资格认证投资					
	结账					
19	期末现金对账(请填余额)					

现金预算表

	1	2	3	4
期初库存现金				
支付上年应交税				
市场广告投入				
贴现费用				
支付短期贷款利息				
支付到期短期贷款				
原料采购支付现金				
转产费用				
生产线投资				
支付加工费				
产品研发投资				
收到现金前的所有支出				
应收款到期				
支付管理费用				
支付长期贷款利息				
支付到期长期贷款				
设备维护费用				
租金				
购买新建筑				
市场开拓投资				
ISO 认证投资				
其他				
库存现金余额				

要点记录

第一季度：_____

第二季度：_____

第三季度：_____

第四季度：_____

订单登记表

订单号											合计
市场											
产品											
数量											
账期											
销售额											
成本											
毛利											
罚款											

组间交易明细表

买 入			卖 出		
产品	数量	金额	产品	数量	金额

产品核算统计表

	P1	P2	P3	P4	合 计
数量					
销售额					
成本					
毛利					

综合管理费用明细表

项 目	金 额	备 注
管理费		
广告费		
维修费		
租 金		
转产费		
ISO 资格认证		□ISO 9000　　□ISO 14000
市场准入开拓		□区域　　□国内　　□亚洲　　□国际
产品研发		P2(　) P3(　) P4(　)
其 他		
合 计		

利 润 表

项　目	上　年　数	本　年　数
销售收入		
直接成本		
毛利		
综合费用		
折旧前利润		
折旧		
支付利息前利润		
财务收入/支出		
其他收入/支出		
税前利润		
所得税		
净利润		

资产负债表

资　产	期初数	期末数	负债和所有者权益	期初数	期末数
流动资产：			负债：		
现金			长期负债		
应收款			短期负债		
在制品			应付账款		
成品			应交税金		
原料					
流动资产合计			负债合计		
固定资产：			所有者权益：		
土地和建筑			股东资本		
机器与设备			利润留存		
在建工程			年度净利		
固定资产合计			所有者权益合计		
资产总计			负债和所有者权益总计		

实验七 全成本核算——第三年

实验内容记录表——五力分析模型

实验题目：五力分析模型		
实验时间：		实验成员：
收益力	毛利率＝(销售收入－直接成本)÷销售收入＝_____ 销售利润率＝折旧前利润÷销售收入＝_____ 总资产收益率(ROA)＝净利润÷总资产＝_____ 净资产收益率(ROE)＝净利润÷所有者权益合计＝_____	
成长力	销售收入成长率＝(本期销售收入－上期销售收入)÷上期销售收入 　　　　　　　＝_____ 利润成长率＝(本期息前利润－上期息前利润)÷上期息前利润 　　　　　　＝_____ 净资产成长率＝(本期净资产－上期净资产)÷上期净资产 　　　　　　　＝_____	
安定力	流动比率＝流动资产÷流动负债＝_____ 速动比率＝速动资产÷流动负债 　　　　＝(流动资产－在制品－产成品－原材料)÷流动负债 　　　　＝_____ 固定长期适合率＝固定资产÷(长期负债+所有者权益) 　　　　　　　＝_____ 资产负债率＝负债÷资产＝_____	
活动力	应收账款周转率＝当期销售净额÷当期平均应收账款 　　　　　　　＝当期销售净额÷[(期初应收账款＋期末应收账款)÷2] 　　　　　　　＝_____ 存货周转率＝当期销售成本÷当期平均存货 　　　　　＝当期销售成本÷[(期初存货余额＋期末存货余额)÷2] 　　　　　＝_____ 固定资产周转率＝当期销售净额÷当期平均固定资产 　　　　　　　＝当期销售净额÷[(期初固定资产余额＋期末固定资产余额)÷2] 　　　　　　　＝_____ 总资产周转率＝当期销售净额÷当期平均总资产 　　　　　　＝销售净额÷[(期初资产总额＋期末资产总额)÷2] 　　　　　　＝_____	

(续表)

	实验题目：五力分析模型
生产力	人均利润＝当期利润总额÷当期平均职工数＝_____ 人均销售收入＝当期销售净额÷当期平均职工数＝_____
绘制雷达图	（雷达图：收益力、成长力、安定力、活动力、生产力） 收益力：①毛利率；②总资产收益率(ROA)；③销售利润率；④净资产收益率(ROE) 安定力：⑤流动比率；⑥速动比率；⑦资产负债率；⑧固定长期适合率 活动力：⑨固定资产周转率；⑩总资产周转率；⑪应收账款周转率；⑫存货周转率 成长力：⑬销售收入成长率；⑭利润成长率；⑮净资产成长率 生产力：⑯人均利润；⑰人均销售收入

第三年总结

三年的时间是一个很长的时间跨度，回过头审视你们的战略是否成功，对产品和市场做一次精确的分析有助于发现你们的利润在哪里。

学会什么，记录知识点：
企业经营遇到哪些问题？

面向未来的三年,你准备如何扬长避短,超越竞争对手?

【总结与反思】

1. 应该怎样控制企业的所有者权益?
2. 怎样做到长期融资和短期融资的匹配?怎样灵活地利用短期贷款?
3. 在需要贴现时应选应收账款的何种账期进行贴现?

※企业经营的效益用 ROA 进行度量,股东效益用 ROE 进行度量※

实验八 科学管理时代——第四年

【单元实验目的】

1. 掌握通过计算投资回收期进行生产线投资决策的方法。
2. 掌握产销排程、成本、开支、JIT、生产概念的理论和方法。
3. 掌握 MRP 的原理、MRP 的功能与逻辑结构、MRP Ⅱ 系统的构成及其管理特征、MRP Ⅱ 系统中与生产运作关系密切的几个重要模块。
4. 学会运用不同形式的管理方法改进组织管理绩效。

【实验准备知识】

生产管理

1. 什么是生产管理

生产管理是指对一个生产系统的设计、运作、评价和改进的管理，它包含从有形产品和无形产品的研究开发到加工制造、销售、服务、回收、废弃的全寿命过程所做的系统管理。

2. 制造企业最基本的生产经营活动

1) 制定经营方针和目标

通过调查研究市场需求、容量、竞争态势，分析企业的经营环境和自身的条件，确定计划期企业应生产什么产品、生产多少、什么时候投放市场，以什么价格销售、成本需控制在什么水平等。核心是要确定计划期企业必须实现的利润目标。经营方针和经营目标规定了企业全部生产活动的方向和要求。

2) 技术活动

为了适应不断发展的社会需求和保持强大的竞争能力，企业需要不断研制开发新产品，进行产品的更新换代，研究采用新技术、新工艺和对企业进行技术改造等一系列有关的技术活动。

3) 供应活动

供应活动包含原材料采购、能源供应、设备和工具的采购等，以保证供应生产所需的各种生产资源。

4) 加工制造活动

把获得的生产资源通过加工制造过程转化为社会所需要的各种工业产品，并要符合计划规定的质量、数量、成本、交货期和环保安全的要求。

5) 销售活动

通过广告和各种销售渠道，把生产出来的产品在市场上进行销售，并为用户提供售前和售后服务。

6) 财务活动

为供应活动、技术活动、生产活动、销售活动筹集所需的资金，对取得的销售收入和利润进行合理的分配，以支持企业的扩大再生产和保证企业各部分成员的合法利益。

3. 生产管理的发展历史

- 泰勒的科学管理法——《工厂管理法》。
- 福特的大量生产方式——标准化、简单化、专门化。
- 通用汽车公司——全面质量管理 TQM。
- 丰田生产方式——JIT 准时化生产。
- 精益生产方式——消除一切浪费。

4. 产品及产品战略

1) 什么是产品

产品是能够提供给市场进行交换，供人们使用或消费，并能够满足人们某种欲望或需要的任何东西。

整体产品包含三个层次：核心产品、形式产品和延伸产品。

2) 产品战略

产品战略是指企业生产何种产品或生产哪些不同的产品去满足目标市场顾客的需求,并实现企业总体经营战略所确定的目标而做出的长远性的规划与方略。

产品战略具有成本领先、别具一格、集中一点的优点。

5. 新产品开发

新产品类型包括全新产品、革新产品、改进新产品、市场重定位产品等。新产品开发过程包括构思形成、构思筛选、概念的形成和测试、市场营销战略的制定、商业分析、产品开发、市场试销、正式上市等步骤。

新产品开发战略的主要内容如下。

1) 设定战略目标

在搞好技术经济及市场需求调查与预测的基础上,提出新产品开发的战略决策,选定开发目标,构思和选择新产品开发的基本方案。

2) 新事业领域的选择

从各种新产品设想的方案中,挑选出一部分有价值的进行分析、论证是否具有足够的实现性和合理性。

3) R&D 方式的选择

新产品的开发方式包括技术引进新产品、独立开发新产品、混合开发的产品。

4) 研究、开发规模和投入费用的决定

在决定产品的商业性投产以前,除了要对实现投产的生产技术条件、资源条件进行充分准备以外,还必须对新产品投放市场的时间、地区、销售渠道、销售对象、销售策略的配合及销售服务进行全面规划和准备。

6. 什么是生产能力

生产能力是指企业在一定时期内,在合理的、正常的技术组织条件下,所能生产的一定种类产品的最大数量。

扩大企业的生产能力,可以采用不同的策略,通常有激进型策略和保守型策略。

激进型策略是指针对增长的需求,企业扩大生产能力的时间略超前于需求到来的时间,每次生产能力扩大的幅度较大。保守型策略采取稳扎稳打的方针,在需求增长以后再扩大企业的生产能力,每次扩大的幅度不大。

7. 设备管理

1) 什么是设备管理

设备管理是指依据企业的生产经营目标,通过一系列的技术、经济和组织措施,对设备生命周期内的所有设备物质运动形态和价值运动形态进行的综合管理工作。

2) 什么是设备寿命周期

设备寿命周期指的是设备从规划、购置、安装、调试、使用、维护直至改造、更新及报废全过程所经历的全部时间。

3) 设备的费用

设备的寿命周期费用由两部分构成。

(1) 固定费用:包括购置费、安装调试费、人员培训费。

(2) 运行费用:包括直接或间接劳动费、保养费、维护费、消耗品费用等。

4) 设备的经济性评价常用的方法

设备的经济性评价常用方法有投资回收期法、费用比较法、效益费用比较法、费用效率比较法。

5) 设备的维护

设备维护是指为了保持设备正常的技术状态、延长使用寿命,按标准进行的检查与润滑,间隙的及时调整及隐患的消除等一系列的日常工作。

许多企业实行设备三级保养制度:设备的日常保养(日常维护)、一级保养、二级保养。

8. 生产线投资决策

沙盘模拟实践前期看资金,后期看产能。在扩大产能时会遇到一些选择问题,如上新生产线就会遇到上哪种生产线更好一些的问题、用新生产线生产什么产品的问题。

不同类型生产线的主要区别在于生产效率和灵活性。生产效率是指单位时间内生产产品的数量,用产能表示;灵活性是指转产生产新产品时设备调整的难易性,主要看转产费用的高低和转产周期的长短。

用新生产线生产不同产品的分析,如用新投资的柔性生产线生产 P1 产品,合理吗?在进行生产投资决策时,往往会遇到此类问题。依照游戏规则,我们可以从设备的投资回收期去考虑。

$$投资回收期 = 安装时间 + 投入 \div (毛利 - 维修费 - 利息)$$

各种设备生产不同产品的投资回收期计算表如表 8-1 所示。

表 8-1 投资回收期计算表

生产线	产品	投入(M)	安装时间(年)	产出数量(个)/年	预计单价(M)	单位成本(M)	毛利(M)	维修费(M)	利息(M)	回收期(年)
手工	P1	5	—	1	4	2	2	1	0.25	6.67
半自动	P1	10	0.5	2	4	2	4	1	0.5	4.5
全自动	P1	15	0.75	4	4	2	8	1	0.75	3.15
柔性	P1	20	1	4	4	2	8	1	1.0	4.33
手工	P2	5	—	1	7	3	4	1	0.25	1.82
半自动	P2	10	0.5	2	7	3	8	1	0.5	2.04
全自动	P2	15	0.75	4	7	3	16	1	0.75	1.80
柔性	P2	20	1	4	7	3	16	1	1.0	2.43
手工	P3	5	—	1	8	4	4	1	0.25	1.82
半自动	P3	10	0.5	2	8	4	8	1	0.5	2.04
全自动	P3	15	0.75	4	8	4	16	1	0.75	1.80
柔性	P3	20	1	4	8	4	16	1	1.0	2.43
手工	P4	5	—	1	9.5	5	4.5	1	0.25	1.54
半自动	P4	10	0.5	2	9.5	5	9	1	0.5	1.83
全自动	P4	15	0.75	4	9.5	5	18	1	0.75	1.67
柔性	P4	20	1	4	9.5	5	18	1	1.0	2.25

从表 8-1 的分析中可以看出,投资各种类型生产线生产 P1,投资回收期较长,是不可取的;另外,用柔性生产线生产所有产品的投资回收期和全自动、半自动生产线的投资回收期相比,都显得稍长一些。

9. 物料需求计划

1) MRP 的产生

最早提出解决方案的是美国 IBM 公司的 J.Orlicky 博士,他在 20 世纪 60 年代设计并组织实施了第一个 MRP 系统。

2) MRP 的基本思想

(1) 根据产品出产计划倒推出相关物料的需求。

(2) 围绕物料转化组织制造资源,实现按需要准时生产。

(3) MRP 处理的是相关需求。

(4) 强调以物料为中心组织生产,体现了为顾客服务的宗旨和按需定产的思想。

(5) 将产品制造过程看作是从成品到原材料的一系列订货过程。

MRP 思想的提出解决了物料转化过程中的几个关键问题:何时需要,需要什么,需要多少。它不仅在数量上解决了缺料问题,更关键的是从时间上来解决缺料问题,实现了制造业销售、生产和采购三个核心业务的信息集成与协同运作。因此,MRP 一经推出便引起了广泛的关注,并随着计算机技术的发展而不断发展。

3) MRP 的几个发展阶段

(1) MRP 阶段。

20 世纪 60 年代初发展起来的 MRP 仅是一种物料需求计算器,它根据对产品的需求、产品结构和物料库存数据来计算各种物料的需求,将产品出产计划变成零部件投入出产计划和外购件、原材料的需求计划,从而解决了生产过程中需要什么、何时需要、需要多少的问题。

(2) 闭环 MRP (Closed-loop MRP)阶段。

20 世纪 60 年代末期推出的闭环 MRP,在原 MRP 的基础上补充了以下功能。

- 编制能力需求计划。
- 建立了信息反馈机制,使计划部门能及时从供应商、车间作业现场、库房管理员、计划员那里了解计划的实际执行情况。
- 计划调整功能。

(3) MRP Ⅱ阶段。

把生产活动与财务活动联系到一起,实现财务信息与物流信息的集成,是从闭环 MRP 向 MRP Ⅱ迈出的关键一步;而将闭环 MRP 与企业经营计划联系起来则使企业各个部门有了一个统一可靠的计划控制工具。MRP Ⅱ是企业级的集成系统,它包括整个生产经营活动:销售、生产、生产作业计划与控制、库存、采购供应、财务会计、工程管理等。

(4) ERP 阶段。

进入 20 世纪 90 年代,MRP Ⅱ得到了蓬勃发展,其应用也从离散型制造业向流程式制造业扩展,不仅能应用于汽车、电子等行业,也能用于化工、食品等行业;不仅适用于多品种中小批量生产,还适用于大量大批生产。不过,MRP Ⅱ的长处在多品种中小批量生产的加工装配式企业得到了最有效的发挥。随着信息技术的发展，MRP Ⅱ系统的功能也在不断地增强、完善与扩大，向企业资源计划(ERP)发展。

4) MRP 的基本逻辑

MRP 的基本原理就是由产品的交货期展开成零部件的生产进度日程与原材料、外购件的需求数量和需求日期，即将主生产计划转换成物料需求表，并为编制能力需求计划提供信息。MRP 的主要功能及运算依据如表 8-2 所示。

表 8-2　MRP 的主要功能及运算依据

处理的问题	所需信息
生产什么？生产多少？	切实可行的主生产计划(MPS)
要用到什么？	准确的物料清单(BOM 表)
已具备什么？	准确的物料库存数据
还缺什么？何时需要？	MPR 的计算结果(生产计划和采购计划)

MRP 的基本逻辑如图 8-1 所示。

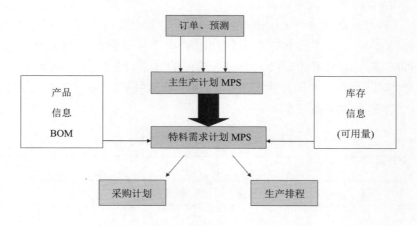

图 8-1　MRP 的基本逻辑

在市场经济环境下，企业的生产计划应以销售订单或者未来市场需求的预测为"龙头"；根据订单或者需求预测制订生产计划；计算目前的库存、核实产品的物料需求清单；根据生产能力进行生产排程，计算原材料采购计划。

10. 主生产作业计划

1) 基本原理

MPS(Master Production Schedule)是指在可用资源的条件下，企业用于说明未来一段时间内将要生产什么(What)、生产多少(How many)、何时完成(When)的计划文件。该计划的来源为客户订单、预测、备品备件等，并且该计划需要交给生产部门进行计划排产。

2) 相关概念

(1) 独立需求(Independent Demand)。独立需求是指用户(外部市场)对企业产品的需求，以及根据市场的需求直接确定的对本企业产品的需求。

(2) 相关需求(Dependent Demand)。相关需求是指生产系统内部物料转换过程中，由于各环节衔接发生的需求，即可以根据独立需求推算得出的需求。在企业沙盘模拟演练课程中，每年初的订货会上，各企业所拿到的订单上对于 P 系列产品的需求即为独立需求，而在企业生产过程中 R 系列原材料的需求即为相关需求。

3) 实例分析

现在，在制造业比较流行的也是大家追求的一个最高境界就是准时制生产(Just In Time，JIT)，又被称为及时制生产，其追求的是零库存、无缺陷和低成本。而在实际的生产中，为了预防需求或供应方面的不可预测的波动，在仓库中经常保持最低库存数量作为安全库存量。

例如：P3 产品在第 3 年初的库存是 2 单位，上一年度第 4 季已经投入生产的数量为 1，本年度已经拿到的订单销售需求按季度划分数量分别是 0、2、3、1，并预测到明年第 1 季度可能要接到一张 3 单位的订单。P3 的加工时间为 1 个季度，根据以上需求，为了完成用户的订单，需进行计划排产，在 JIT 的管理体制下，我们可以制订如表 8-3 所示的生产计划。

表 8-3 P3 的生产计划示例

MPS	第 3 年				第 4 年
时间	1 季度	2 季度	3 季度	4 季度	1 季度
库存数量	2	3	1	0	0
订单需求量	0	2	3	1	3
完工数量	1	0	2	1	3
安排生产数量	0	2	1	3	

由上可知，P3 产品的排产计划(安排上线)为：0、2、1、3。

在每季度保留 2 个产品的安全库存量的情况下，制订 P3 的主生产计划如表 8-4 所示。

表 8-4　P3 的主生产计划

MPS	第 3 年				第 4 年
时间	1 季度	2 季度	3 季度	4 季度	1 季度
季初库存数量	2	3	2	2	2
季末库存数量	3	2	2	2	2
订单需求数量	0	2	3	1	3
完工数量	1	1	3	1	3
安排生产数量	1	3	1	3	

故主生产计划为：1、3、1、3。

以上仅体现了现实企业科学管理的思想，实际的企业管理中因为受到经济生产批量的限制，库存量是极难保持在安全库存水平的，更不要说是零库存水平了。但是其引入时间阶段划分为需求时区、计划时区和预测时区的思想，对于企业物料管理意义是十分重大的。

11. 产品结构与物料清单

1) 基本原理

产品结构列出了构成成品或装配件的所有部件、组建、零件等的组成、装配关系及数量和时间要求。物料清单(Bill of Material，BOM)是记录产品结构和所有要使用到的物料的文件。

2) 实例分析

针对企业沙盘模拟演练课程中的 P 系列产品的产品结构和物料清单，我们可以做出 P 系列产品的 BOM 分析，如图 8-2 所示。

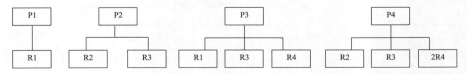

图 8-2　P 系列产品的 BOM 分析

P 系列产品的原材料构成即为产品结构和物料清单的一个简单代表，当然实际的企业生产中要比这个复杂得多。

12. 库存信息和库存管理

1) 基本原理

库存信息是保存企业所有产品、零部件、在制品、原材料等存在状态的数据库，统称为"物料"或"项目"，进行统一编码管理。

库存管理是在供、需之间建立缓冲区，达到缓和用户需求与企业生产能力之间、最终装配需求与零件配套之间、零件加工工序、生产厂家需求与原材料供应商之间工序矛盾的目的。

2) 项目分类

- 现有库存量：是指在企业仓库中实际存放物料的可用库存数量。
- 计划收到量：是指根据正在执行中的采购订单或生产订单，在未来某个时段内将要入库的物料数量。
- 已分配量：是指尚保存在仓库中但已被分配掉的物料数量。
- 计划订单入库量：是指某期执行某项任务(订货/生产)后，到期未入库数量。
- 安全库存量：为了预防需求或供应方面的不可预测的波动，在仓库中经常应保持最低库存数量作为安全库存量。
- 可销售量：在某一时段内，物品的产出量可能会大于订单与合同数量，这个差值就是可销售量。

$$可销售量 = 期间到货 + 产出 - 期间累计合同量$$

- 某一时段：指连续两次产出该物品的时间间隔，也就是从一次产出产品的时间到下一批再产出产品时的时间间隔。

13. MRP 处理过程

MRP 进一步细化了主生产计划，下面是 MRP 计算过程举例。

仍以 ERP 沙盘模拟演练课程中的相关计算为例，介绍如下。

(1) 根据 MPS 中的独立需求(产品)，再根据 BOM 图确定出零部件或者原材料的相关需求，如表 8-5 所示。

表 8-5　P3 的原材料需求

时间	第 3 年				第 4 年				第…年
	1季度	2季度	3季度	4季度	1季度	2季度	3季度	4季度	……
MPS中P3产品上线	0	2	1	3	3	2	4	0	

(续表)

时间		第 3 年				第 4 年				第…年
		1季度	2季度	3季度	4季度	1季度	2季度	3季度	4季度	……
原材料需求	R1(1)	0	2	1	3	3	2	4	0	
	R3(1)	0	2	1	3	3	2	4	0	
	R4(1)	0	2	1	3	3	2	4	0	

(2) 结合各种原材料的库存信息，制订生成采购计划。

R1 的采购提前期为 1 个季度，现有库存量为 2，采购批量为 1，没有在途和已下达的订单，如表 8-6 所示。

表 8-6　R1 采购计划

R1 采购计划	第 2 年	第 3 年				第 4 年				第…年
时间	4季度	1季度	2季度	3季度	4季度	1季度	2季度	3季度	4季度	……
R1 毛需求		0	2	1	3	3	2	4	0	
计划入库量		0	0	1	3	3	2	4	0	
季度初库存量	2	0	0	0	0	0	0	0	0	
季度末库存量	2	2	0	0	0	0	0	0	0	
计划订购量	0	1	3	3	2	4	0	0		

R3 的采购提前期为 2 个季度，现有库存量为 1，采购批量为 1，有 1 个单位的在途，如表 8-7 所示。

表 8-7　R3 的采购计划

R3 的采购计划	第 2 年	第 3 年				第 4 年				第…年
时间	4季度	1季度	2季度	3季度	4季度	1季度	2季度	3季度	4季度	
R3 毛需求		0	2	1	3	3	2	4	0	

(续表)

R3 的采购计划	第2年	第3年				第4年				第…年
时间	4季度	1季度	2季度	3季度	4季度	1季度	2季度	3季度	4季度	
计划入库量		1	0	1	3	3	2	4	0	
季度初存库量		1	2	0	0	0	0	0	0	
季度末存库量	1	2	0	0	0	0	0	0	0	
计划订购量	0	1	3	3	2	4	0	0	0	

R4 的采购提前期为 2 个季度，现有库存量为 1，采购批量为 1，有 1 个单位的在途，如表 8-8 所示。

表 8-8　R4 的采购计划

R4 的采购计划	第2年	第3年				第4年				第…年
时间	4季度	1季度	2季度	3季度	4季度	1季度	2季度	3季度	4季度	
R4 毛需求		0	2	1	3	3	2	4	0	
计划入库量		1	0	1	3	3	2	4	0	
季度初存库量		1	2	0	0	0	0	0	0	
季度末存库量	1	2	0	0	0	0	0	0	0	
计划订购量	0	1	3	3	2	4	0	0	0	

14. 生产计划与采购计划

生产计划与采购计划之间的逻辑关系是沙盘推演的"点睛之笔"。应深刻体会"生产计划与采购计划的多米诺骨牌"效应，以及生产周期与采购周期之间的"错落关系"。

以下用一个案例进行说明。

如图 8-3 示,如果在第 3 季度计划上线生产 1 个 P4,那么原材料应当怎样订购呢?

产品	生产上线计划			
	Q1	Q2	Q3	Q4
P1				
P2				
P3				
P4			1	

图 8-3 生产上线计划图

按照规则,生产 P4 需要 R2 原料 1 个、R3 原料 1 个、R4 原料 2 个。R2 原料的订购周期需要提前 1 个季度,R3、R4 原料的订购周期需要提前 2 个季度。因此,原材料的订购计划按照图 8-4 所示进行。

产品	各季度原料下订单计划					
	Q3	Q4	Q1	Q2	Q3	Q4
R1						
R2				1		
R3			1			
R4			2			

图 8-4 原材料的订购计划

按照图 8-4 中的方式进行采购的优势如下。
- 保证开始生产时不会停工待料,实现 JIT(准时生产)管理模式。
- 生产上线后,原材料库存为零,零库存将降低资金不合理占用、现金流断流风险等。

【实验内容描述】

1. 分产品制订生产与采购计划。
2. 团队合作完成第四年的模拟经营。

【实验步骤】

实验内容记录表：制订生产计划与采购计划

实验题目：制订生产计划与采购计划													
实验时间：							实验成员：						
P1生产计划	Q3	Q4	Q1	Q2	Q3	Q4	原料采购计划		Q3	Q4	Q1	Q2	Q3	Q4
								R1						
								R2						
								R3						
								R4						
P2生产计划	Q3	Q4	Q1	Q2	Q3	Q4	原料采购计划		Q3	Q4	Q1	Q2	Q3	Q4
								R1						
								R2						
								R3						
								R4						
P3生产计划	Q3	Q4	Q1	Q2	Q3	Q4	原料采购计划		Q3	Q4	Q1	Q2	Q3	Q4
								R1						
								R2						
								R3						
								R4						
P4生产计划	Q3	Q4	Q1	Q2	Q3	Q4	原料采购计划		Q3	Q4	Q1	Q2	Q3	Q4
								R1						
								R2						
								R3						
								R4						

实验八 科学管理时代——第四年

第四年运行记录

企业运营流程 请按顺序执行下列各项操作		每执行完一项工作，总经理在相应的方格内画钩 财务总监在方格中填写现金收支记录			
年初	新年度规划会议				
	参加订货会/支付广告费/登记销售订单				
	制订新年度计划				
	支付应付税				
1	季初现金盘点(请填余额)				
2	更新短期贷款/还本付息/申请短期贷款(高利贷)				
3	更新应付款/归还应付款				
4	原材料入库/更新原料订单				
5	下原料订单				
6	更新生产/完工入库				
7	投资新生产线/变卖生产线/生产线转产				
8	向其他企业购买原材料/出售原材料				
9	开始下一批生产				
10	更新应收款/应收款收现				
11	出售厂房				
12	向其他企业购买成品/出售成品				
13	按订单交货				
14	产品研发投资				
15	支付行政管理费				
16	其他现金收支情况登记				
17	现金收入合计				
18	现金支出合计				
年末	支付利息/更新长期贷款/申请长期贷款				
	支付设备维护费				
	支付租金/购买厂房				
	计提折旧				( )
	新市场开拓/ISO 资格认证投资				
	结账				
19	期末现金对账(请填余额)				

现金预算表

	1	2	3	4
期初库存现金				
支付上年应交税				
市场广告投入				
贴现费用				
支付短期贷款利息				
支付到期短期贷款				
原料采购支付现金				
转产费用				
生产线投资				
支付加工费				
产品研发投资				
收到现金前的所有支出				
应收款到期				
支付管理费用				
支付长期贷款利息				
支付到期长期贷款				
设备维护费用				
租金				
购买新建筑				
市场开拓投资				
ISO 认证投资				
其他				
库存现金余额				

要点记录

第一季度：_____

第二季度：_____

第三季度：_____

第四季度：_____

订单登记表

订单号										合计
市场										
产品										
数量										
账期										
销售额										
成本										
毛利										
罚款										

组间交易明细表

买 入			卖 出		
产 品	数 量	金 额	产 品	数 量	金 额

产品核算统计表

	P1	P2	P3	P4	合 计
数量					
销售额					
成本					
毛利					

综合管理费用明细表

项 目	金 额	备 注
管理费		
广告费		
维修费		
租 金		
转产费		
ISO 资格认证		□ISO 9000　　□ISO 14000
市场准入开拓		□区域　　□国内　　□亚洲　　□国际
产品研发		P2(　　)　P3(　　)　P4(　　)
其 他		
合 计		

利 润 表

项　　目	上　年　数	本　年　数
销售收入		
直接成本		
毛利		
综合费用		
折旧前利润		
折旧		
支付利息前利润		
财务收入/支出		
其他收入/支出		
税前利润		
所得税		
净利润		

资产负债表

资　　产	期初数	期末数	负债和所有者权益	期初数	期末数
流动资产：			负债：		
现金			长期负债		
应收款			短期负债		
在制品			应付账款		
成品			应交税金		
原料					
流动资产合计			负债合计		
固定资产：			所有者权益：		
土地和建筑			股东资本		
机器与设备			利润留存		
在建工程			年度净利		
固定资产合计			所有者权益合计		
资产总计			负债和所有者权益总计		

【总结与反思】

第四年总结

又一个新的三年开始了，三年的管理经验已使你今非昔比。如何有效利用资源，扩大市场份额，提升利润是管理者必须关注的。

学会什么，记录知识点：
企业经营遇到哪些问题？
下一年准备如何改进？

1. 在 ERP 沙盘模拟演练课程中，是否真的就是零库存最优呢？适量的原材料和产品库存有什么作用？
2. 新上的生产线该怎样订相应的原材料？
3. 生产线是否越多越好？该怎样利用已有的手工生产线？
4. 怎样提高厂房的利用率？

实验九

人力资源管理——第五年

【单元实验目的】

1. 了解团队、团队建设、胜任力模型的概念。
2. 掌握构建胜任力模型、在团队中进行有效激励及解决团队冲突的方法。
3. 学会应用360°绩效考核体系为团队成员绩效结果做出合理评价。

【实验准备知识】

1. 企业文化

企业文化是所有团队成员共享并传承给新成员的一套价值观、共同愿景、使命及思维方式。它代表了组织中被广泛接受的思维方式、道德观念和行为准则。

2. 人力资源管理

人力资源是指能够推动整个经济和社会发展的具有智力劳动和体力劳动能力的人们的总和。

人力资源管理(Human Resource Management,HRM)是指根据企业发展战略的要求,有计划地对人力资源进行合理配置,通过对企业中员工的招聘、培训、使用、考核、激励、调整等一系列过程,调动员工的积极性,发挥员工的潜能,为企业创造价值,确保企业战略目标的实现,是企业的一系列人力资源政策及相应的管理活动。这些活动主要包括企业人力资源战略的制定、员工的招募与选拔、培训与开发、绩效管理、薪酬管理、员工流动管理、员工关系管理、员工安全与健康管理等。即企业运用现代管理方法，对人力资源的获取(选人)、开发(育人)、保持(留人)和利用(用人)等方面所进行的计划、组织、指挥、控制和协调等一系列活动，最终达到实现企业发展目标的一种管理行为。

现代人力资源管理包括人力资源规划、人员招聘与配置、培训开发与实施、绩效考核与实施、薪酬福利、人事管理、职业生涯管理和员工关系管理八大模块。

3. 胜任力模型

胜任力模型(Competency)也叫作核心能力模型，是近期开始流行的人力资源系统建设工具。人力资源通过帮助企业建设一套不同层级、不同岗位的能力需求模型，用于指导人员招募、人员考核、培训发展，甚至用于界定薪酬级别。建立胜任力模型的关键是要有一套界定清晰的能力定义。

从系统性、相关性和可操作性的原则来看，胜任力的特征结构包括个体特征、行为特征和工作的情景条件。

1) 个体特征

个体特征——人可以(可能)做什么，即胜任力中的"力"。它表明人所拥有的特质属性，是一个人个性中深层和持久的部分，决定了个体的行为和思维方式，能够预测多种情景或工作中的行为。

个体特征分为以下五个层次。

- 知识(个体所拥有的特定领域的信息、发现信息的能力、能否用知识指导自己的行为)。
- 技能(完成特定生理或心理任务的能力)。
- 自我概念(个体的态度、价值观或自我形象)。
- 特质(个体的生理特征和对情景或信息的一致性反应)。
- 动机/需要(个体行为的内在动力)。

这五个方面的胜任特征组成了一个整体的胜任力结构。其中，知识和技能是可见的、相对表面的人的外显特征，动机和特质是隐藏的、位于人格结构的最深层，自我概念位于两者之间。表面的知识和技能是相对容易改变的，可以通过培训实现其发展；自我概念，如态度、价值观和自信也可通过培训实现改变，但这种培训比对知识和技能的培训要困难；核心的动机和特质处于人格结构的最深处，难以对它进行培训和发展。

上述特质常用水中漂浮的一座冰山来描述,如图 9-1 所示。其中,知识和技能是可以看得见的,相对较为表层的、外显的个人特征,漂浮在水上;而自我概念、特质、动机/需要则是个性中较为隐蔽、深层和中心的部分,隐藏在水下,而内隐特征是决定人们行为表现的关键因素。

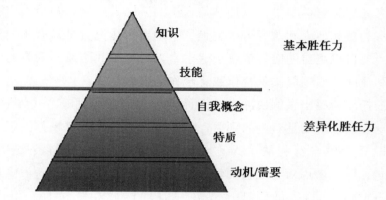

图 9-1 胜任力冰山模型

水上冰山部分(知识和技能)是基本胜任力,是对胜任者基础素质的要求,是为了完成工作所有员工都必须具备的通用能力,但该能力不能区分绩效一般者与绩效优秀者;水下冰山部分可以统称为差异化胜任力,差异化胜任力是绩效优秀者独有的而绩效一般者不具有的特质,是区分优异者和平凡者的关键因素。但不同层次的个人特质之间存在相互作用的关系。

2) 行为特征

行为特征——人会做什么。可以看作是在特定情景下对知识、技能、态度、动机等的具体运用。有理由相信,在相似的情景下这种行为特征可能反复出现。与胜任力关联的行为特征即指在相似情景下能实现绩优的关键行为。

3) 情景条件

情景条件——胜任力是在一定的工作情景中体现出来的。研究发现,在不同职位、不同行业、不同文化环境中的胜任特征模型是不同的,这就要求我们应该将胜任力概念置于人—职位—组织三者相匹配的框架中。

4. 冲突管理

人际冲突管理(Interpersonal Conflict)是指角色期望对象和角色期望的发出者之间的沟通等行为问题,可广义界定为以下两种冲突。

(1) 在某些实质性问题上的不相容的利益。

(2) 包含负面的情绪,如不信任、恐惧、拒绝和愤怒等不相容的行为。

在沙盘实战模拟演练课程中,同一个团队中队员不同的价值观、个人感知认识的差别都可能使团队中产生冲突。冲突的出现,可能导致团队的凝聚力下降,使团队陷入一个内外交困的境地;但如果能合理地解决冲突并且利用冲突,冲突反而可能成为企业发展过程中的一次重大发展机会,使企业驶向正确的轨道。

在众多冲突处理策略模型中,以托马斯提出的五因素模型影响最为广泛。托马斯在满足自身利益和他人利益两个维度上,来确定个体究竟是采取哪一种处理冲突策略。其中,要自己利益的愿望依赖于追求个人目标的武断或不武断的程度;想满足其他人利益的愿望则取决于合作或不合作的程度。

在此基础上托马斯提出了解决冲突的五种策略,分别是:回避方式(avoiding),指既不满足自身利益也不满足对方的利益,试图不做处理,置身事外;强迫方式(competing),即只考虑自身利益,为达到目标而无视他人的利益;迁就方式(accommodating),即只考虑对方利益而牺牲自身利益,或者屈从于对方意愿;合作方式(collaborating),即尽可能满足双方利益,寻求双赢局面;折中方式(compromising),即双方都有所让步。五种人际冲突处理策略则分别代表了武断型和合作型的不同组合,如图9-2所示。

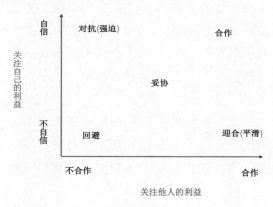

图9-2 托马斯五因素模型

5. 基于胜任力模型的360°绩效考核

360°绩效考核,又称360°反馈(360°Feedback)或"全方位考核法",最早是由被誉为"美国力量象征"的典范企业英特尔提出并加以实施的。360°绩效反馈是指从员工、上司、直接部属、同人同事甚至顾客等全方位的各个角度来了解个人的绩效,包括沟通技巧、人际关系、领导能力、行政能力等。通过这种理想的绩效评估,被评估者不仅可以从自己、上司、部属、同事甚至顾客处获得多种角度的反馈，也可从这些不同的反馈中清楚地知道自己的不足、长处与发展需求，使以后的职业发展更为顺畅。

360°评价由于操作程序专业化、培训力度深入化，使企业在操作过程中往往只用于关键岗位。关键岗位胜任力模型的构建为360°评价提供了若干量化的可评估的行为指标。因此，360°评价的前提便是建立并分析关键岗位胜任力模型。在分析的基础上，设计科学、合理的问卷并组织相关人员填写问卷，最后根据调查结果进行360°评价的反馈沟通。

针对前面介绍的胜任力模型，这里我们主要介绍基于胜任力模型的360°绩效考核系统。它不再单纯地强调指标而不管员工取得绩效的过程，找到了区分高绩效与普通绩效的行为指标，为提高绩效水平起到了指导作用，体现了绩效考核的精髓。

这里，我们为团队中五个不同的职位设计了一套基于胜任力模型的360°绩效考核系统，请大家用公正的心态为彼此做出合理的评价(表格见实验内容记录表：绩效管理)。

6. 管理员工绩效的策略

基于胜任力模型的360°绩效考核体系为我们展现了成员在团队中表现的一个量化结果。但这样的量化结果并不是我们真正需要的，更重要的是，通过绩效考核的量化结果我们需要发现存在于团队成员身上的优点和不足，并针对成员的这些绩效特征采取后续的管理活动，以提升或改善成员的绩效。图9-3中是以选取成员的工作能力和工作动机作为两个维度，针对不同类型的成员采用不同的管理措施。

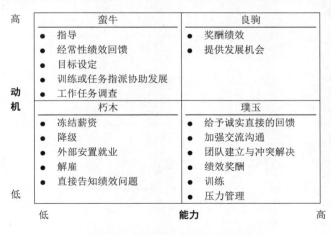

图9-3　管理员工绩效的策略

动机与能力均高的成员,我们称为"良驹",这些成员具有很强的工作能力和工作热情,是团队的中流砥柱,领导者应当多给予其鼓励和激励,以加强其自身的成就感。对于动机高但能力低的"蛮牛"型成员,作为领导者应给予必要的指导,为其指明方向,协助其设定目标,而且适当的激励更会提高"蛮牛"型成员的工作热情。"璞玉"型成员具有很高的工作能力和工作技能,但他们缺少对工作的热情,对于这样的员工,领导者应该通过坦诚的交流强化其工作动机,甚至采取压力管理的方式,促使其提升工作的投入程度。最后,对于工作能力低,工作动机也低的"朽木"型员工则应先予以辅导协助,如仍未有改善,则采取较为强硬的措施,包括直接告知绩效问题、正面批评,甚至解雇。

【实验内容描述】

1. 团队合作完成第五年的模拟经营。
2. 实验过程中,小组成员需根据胜任力模型明确分工、各尽其职。
3. 抱有公平公正的态度,认真完成绩效评估调查问卷。

【实验步骤】

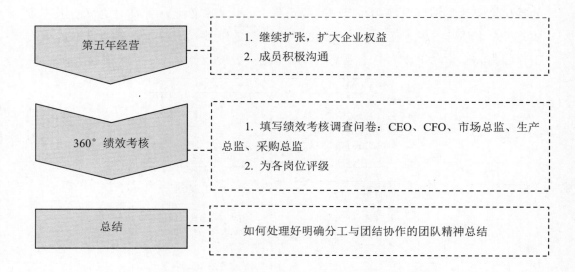

实验九 人力资源管理——第五年

第五年运行记录

企业运营流程 请按顺序执行下列各项操作		每执行完一项工作,总经理在相应的方格内画钩 财务总监在方格中填写现金收支记录				
年初	新年度规划会议					
	参加订货会/支付广告费/登记销售订单					
	制订新年度计划					
	支付应付税					
1	季初现金盘点(请填余额)					
2	更新短期贷款/还本付息/申请短期贷款(高利贷)					
3	更新应付款/归还应付款					
4	原材料入库/更新原料订单					
5	下原料订单					
6	更新生产/完工入库					
7	投资新生产线/变卖生产线/生产线转产					
8	向其他企业购买原材料/出售原材料					
9	开始下一批生产					
10	更新应收款/应收款收现					
11	出售厂房					
12	向其他企业购买成品/出售成品					
13	按订单交货					
14	产品研发投资					
15	支付行政管理费					
16	其他现金收支情况登记					
17	现金收入合计					
18	现金支出合计					
年末	支付利息/更新长期贷款/申请长期贷款					
	支付设备维护费					
	支付租金/购买厂房					
	计提折旧				( )	
	新市场开拓/ISO 资格认证投资					
	结账					
19	期末现金对账(请填余额)					

现金预算表

	1	2	3	4
期初库存现金				
支付上年应交税				
市场广告投入				
贴现费用				
支付短期贷款利息				
支付到期短期贷款				
原料采购支付现金				
转产费用				
生产线投资				
支付加工费				
产品研发投资				
收到现金前的所有支出				
应收款到期				
支付管理费用				
支付长期贷款利息				
支付到期长期贷款				
设备维护费用				
租金				
购买新建筑				
市场开拓投资				
ISO 认证投资				
其他				
库存现金余额				

要点记录

第一季度：_____

第二季度：_____

第三季度：_____

第四季度：_____

订单登记表

订单号											合计
市场											
产品											
数量											
账期											
销售额											
成本											
毛利											
罚款											

组间交易明细表

买 入			卖 出		
产 品	数 量	金 额	产 品	数 量	金 额

产品核算统计表

	P1	P2	P3	P4	合 计
数量					
销售额					
成本					
毛利					

综合管理费用明细表

项 目	金 额	备 注
管理费		
广告费		
维修费		
租 金		
转产费		
ISO 资格认证		□ISO 9000　　□ISO 14000
市场准入开拓		□区域　　□国内　　□亚洲　　□国际
产品研发		P2(　　)　P3(　　)　P4(　　)
其 他		
合 计		

利 润 表

项　　目	上 年 数	本 年 数
销售收入		
直接成本		
毛利		
综合费用		
折旧前利润		
折旧		
支付利息前利润		
财务收入/支出		
其他收入/支出		
税前利润		
所得税		
净利润		

资产负债表

资　　产	期初数	期末数	负债和所有者权益	期初数	期末数
流动资产：			负债：		
现金			长期负债		
应收款			短期负债		
在制品			应付账款		
成品			应交税金		
原料					
流动资产合计			负债合计		
固定资产：			所有者权益：		
土地和建筑			股东资本		
机器与设备			利润留存		
在建工程			年度净利		
固定资产合计			所有者权益合计		
资产总计			负债和所有者权益总计		

实验内容记录表：绩效管理

实验目的：基于胜任力模型的360°绩效考核体系的使用		
实验时间：	实验成员：	
专业胜任能力级别描述		
标 识	能 力 级 别	能力级别描述
A	基本级 (Basic)	能展示最基本的能力； 在充分的帮助下可以展开相关工作； 能描述与该功能相关的基本概念
B	受训级 (Trained)	能够根据受训的知识来进行相关工作； 在适当的帮助下展开相关工作； 在处理较为复杂的工作时，知道如何寻求资源和帮助
C	经验级 (Experienced)	能够应用该领域的经验做出决定； 能够独立应用该方面能力完成较为复杂的工作； 能够认识到运用该方面能力时可能出现的问题
D	高工级 (Advanced)	理解为什么这样做及这样做会产生的影响； 能够应用该方面能力处理富有挑战性的工作； 能够指导团队展现的能力； 能对复杂问题提供专业意见
E	专家级 (Expert)	深刻理解为什么这样做及这样做会产生的影响，并能成为该领域的思想领导者； 能够通过专家意见影响决策制定及多个团队的绩效； 被公认为公司内外的专家，能提供专业意见

实验内容记录表：绩效管理——总经理

实验题目：基于胜任力模型的360°绩效考核体系的使用				
实验时间：		实验成员：		
绩效评估调查问卷 感谢您在百忙之中协助我们进行这次调查，请您填写下面这张问卷，将各项的得分填写在相应的空格中。能力水平的评分标准请参考专业胜任能力级别描述。				
组号：	姓名：	职务：总经理		测评人：
能力名称		权重	行 为 描 述	得分
基本胜任力	进取心	5%	表现出把工作做好的愿望，对低效率表现出不满和挫折感； 主动考虑以新的或更精确的方法去完成下达的任务； 制定具有挑战性的目标并采取行动实现目标	
	忠诚度	5%	努力使自己融入团队，尊重组织的优良传统； 做符合团队期望的事情； 愿意协助别人完成他们的工作； 作为团队的一员，表现出自豪、愉悦和忠诚	
	协作能力	10%	及时与团队成员交流团队内发生的事件； 征求团队其他成员的意见、创意和经验； 愿意向他人学习； 以行动倡导良好的团队氛围，维护及提升团队荣誉	
	创新能力	5%	支持他人的创新行为，积极参与营造组织内开拓创新的良好氛围； 避免故步自封，乐于不断进取； 能够不断挑战自身的想法和做法； 在继承的基础上创新，运用过去的经验帮助经验的进行	
	学习能力	10%	通过各种手段，主动寻找本行业和专业的信息； 能掌握本行业和专业的最新知识和技能，并根据企业自身和岗位的情况进行运用； 能指导他人在工作中进行学习，并给出相关的发展意见； 在企业中积极提倡并营造"学习"氛围	

(续表)

实验题目：基于胜任力模型的360°绩效考核体系的使用				
差异化胜任力	领导力	20%	能够说服或影响他人接受某一观点； 为了组织及客户的最佳利益，在必要时能够知道他人的行为； 善于在危机中寻找方向； 鼓励率直和有感觉的争论	
	决策力	20%	通过系统性思考，能及时有效地解决问题； 会为适应未来的机遇和挑战而采取行动； 能够通过分析目的，进行长期全方位的考虑后制定决策	
	计划能力	10%	对公司的远景有自己的看法、意见和建议； 能够根据企业的实际情况拟定发展目标； 能够机敏、及时掌握企业整体的动态问题，并据此对目标进行修正	
	沟通能力	5%	根据沟通对象的不同，通过有选择性的透露或隐瞒特定的消息来产生所期望的影响； 熟练运用各种适当的论据，采取必要的步骤和形式，就各种复杂敏锐的问题与各个层次的对象进行沟通； 巧妙地借助第三方或专家来表达自己的意思	
	商业敏锐力	10%	知道商业怎么运作； 具备当时和可能在未来出现的，在信息化方面影响公司的未来发展的知识； 知道在市场中运作的方式和策略	
总分				
如果您还有什么其他的建议，请告诉我们：				
感谢您的合作！				

实验内容记录表：绩效管理——财务总监

实验题目：基于胜任力模型的360°绩效考核体系的使用			
实验时间：		实验成员：	
绩效评估调查问卷 感谢您在百忙之中协助我们进行这次调查，请您填写下面这张问卷，将各项的得分填写在相应的空格中。能力水平的评分标准请参考专业胜任能力级别描述。			
组号：	姓名：	职务：财务总监	测评人：
能 力 名 称		权重	行 为 描 述	得分
基本胜任力	进取心	5%	表现出把工作做好的愿望，对低效率表现出不满和挫折感； 主动考虑以新的或更精确的方法去完成下达的任务； 制定具有挑战性的目标并采取行动实现目标	
	忠诚度	5%	努力使自己融入团队，尊重组织的优良传统； 做符合团队期望的事情； 愿意协助别人完成他们的工作； 作为团队的一员，表现出自豪、愉悦和忠诚	
	协作能力	10%	及时与团队成员交流团队内发生的事件； 征求团队其他成员的意见、创意和经验； 愿意向他人学习； 以行动倡导良好的团队氛围，维护及提升团队荣誉	
	创新能力	5%	支持他人的创新行为，积极参与营造组织内开拓创新的良好氛围； 避免故步自封，乐于不断进取； 能够不断挑战自身的想法和做法； 在继承的基础上创新，运用过去的经验帮助经验的进行	
	学习能力	10%	通过各种手段，主动寻找本行业和专业的信息； 能掌握本行业和专业的最新知识和技能，并根据企业自身和岗位的情况进行运用； 能指导他人在工作中进行学习，并给出相关的发展意见； 在企业中积极提倡并营造学习氛围	

(续表)

			实验题目：基于胜任力模型的360°绩效考核体系的使用	
差异化胜任力	会计核算	20%	能充分了解相关的会计制度、财务条款及概念； 能及时、准确地完成财务处理及财务报表编制； 能及时、准确地监控公司的状况	
	财务管理	15%	能全面考虑企业的长短期目标，能以准确、清晰的历史财务数据来确定企业的预算目标； 能根据企业的发展状况制定全面、准确的财务预算计划； 能够分析公司范围内财务状况，从公司整体的角度设计改进方案	
	现金管理	15%	能够建立公司的资金管理体系，同时根据环境及政策的变化进行实时的调整，并且确定公司相应的资金来源、期限组合的筹资方法； 通过合理的融资方式和融资组合，将财务费用控制在一定的范围内； 在一定的风险系数范围内，通过相应的融资方式，平衡资金的流动性和盈利性	
	财务分析	10%	能有效利用历史经验及财务模型进行财务分析，预测企业财务状况； 能有效通过财务分析找出业务经营问题，并向业务部门提出改善意见； 能不断改进财务流程以增进效率	
	税务管理	5%	能充分了解相关的税务制度，并及时执行新的税务规定； 能准确进行各项税中的计税核算； 能拟定专项的税务策划方案，确保公司合法节税	
总分				
如果您还有什么其他的建议，请告诉我们：				
感谢您的合作！				

实验内容记录表：绩效管理——营销总监

实验题目：基于胜任力模型的360°绩效考核体系的使用				
实验时间：			实验成员：	
绩效评估调查问卷 感谢您在百忙之中协助我们进行这次调查，请您填写下面这张问卷，将各项的得分填写在相应的空格中。能力水平的评分标准请参考专业胜任能力级别描述。				
组号：	姓名：		职务：营销总监　测评人：	
能 力 名 称		权重	行 为 描 述	得分
基本胜任力	进取心	5%	表现出把工作做好的愿望，对低效率表现出不满和挫折感； 主动考虑以新的或更精确的方法去完成下达的任务； 制定具有挑战性的目标并采取行动实现目标	
	忠诚度	5%	努力使自己融入团队，尊重组织的优良传统； 做符合团队期望的事情； 愿意协助别人完成他们的工作； 作为团队的一员，表现出自豪、愉悦和忠诚	
	协作能力	10%	及时与团队成员交流团队内发生的事件； 征求团队其他成员的意见、创意和经验； 愿意向他人学习； 以行动倡导良好的团队氛围，维护及提升团队荣誉	
	创新能力	5%	支持他人的创新行为，积极参与营造组织内开拓创新的良好氛围； 避免故步自封，乐于不断进取； 能够不断挑战自身的想法和做法； 在继承的基础上创新，运用过去的创新帮助创新的进行	
	学习能力	10%	通过各种手段，主动寻找本行业和专业的信息； 能掌握本行业和专业的最新知识和技能，并根据企业自身和岗位的情况进行运用； 能指导他人在工作中进行学习，并给出相关的发展意见； 在企业中积极提倡并营造学习氛围	

(续表)

实验题目：基于胜任力模型的360°绩效考核体系的使用				
差异化胜任力	销售计划	20%	能根据市场计划和区域特点，规划和制定战略性产品或产品组合； 能够设计定量化的指标来检讨和评估销售和利润计划的完成效果，并定期对销售情况进行分析和回顾； 能够根据产能合理地计划广告费用的投入，并预测相应的利润	
	市场调研	20%	能广泛收集竞争环境中的信息资源，对现有的竞争者和潜在的竞争者的竞争实力及战略进行调查； 能有效地分析竞争对手的相关信息，并据此修改自己的竞争战略	
	市场开拓	10%	能够根据产品的市场需求、价格变化、发展趋势，制订市场开拓的中长期计划； 能结合相关部门，通过跨部门营销，取得更好的市场开拓成效	
	营销策略制定	5%	能够根据公司的市场地位，对公司战略的变化或者进一步明晰提出相应的建议； 能够为公司引入设计合适的营销策略，使得公司能够领先其他竞争对手，在市场中占有主动地位； 能够创新设计营销方案，协助公司增加市场份额	
	销售技巧	10%	能够预测客户在未来对产品的需求； 能够与客户进行良好的沟通，使其准确了解公司产品的属性、特质和优势； 能够与客户建立良好的关系，保持长期稳定的合作	
总分				
如果您还有什么其他的建议，请告诉我们：				
感谢您的合作！				

实验内容记录表：绩效管理——生产总监

实验题目：基于胜任力模型的360°绩效考核体系的使用				
实验时间：		实验成员：		
绩效评估调查问卷 感谢您在百忙之中协助我们进行这次调查，请您填写下面这张问卷，将各项的得分填写在相应的空格中。能力水平的评分标准请参考专业胜任能力级别描述。				
组号：	姓名：	职务：生产总监		测评人：
能 力 名 称		权重	行 为 描 述	得分
基本胜任力	进取心	5%	表现出把工作做好的愿望，对低效率表现出不满和挫折感； 主动考虑以新的或更精确的方法去完成下达的任务； 制定具有挑战性的目标并采取行动实现目标	
	忠诚度	5%	努力使自己融入团队，尊重组织的优良传统； 做符合团队期望的事情； 愿意协助别人完成他们的工作； 作为团队的一员，表现出自豪、愉悦和忠诚	
	协作能力	10%	及时与团队成员交流团队内发生的事件； 征求团队其他成员的意见、创意和经验； 愿意向他人学习； 以行动倡导良好的团队氛围，维护及提升团队荣誉	
	创新能力	5%	支持他人的创新行为，积极参与营造组织内开拓创新的良好氛围； 避免故步自封，乐于不断进取； 能够不断挑战自身的想法和做法； 在继承的基础上创新，运用过去的经验帮助创新的进行	
	学习能力	10%	通过各种手段，主动寻找本行业和专业的信息； 能掌握本行业和专业的最新知识和技能，并根据企业自身和岗位的情况进行运用； 能指导他人在工作中进行学习，并给出相关的发展意见； 在企业中积极提倡并营造学习氛围	

(续表)

实验题目：基于胜任力模型的360°绩效考核体系的使用				
差异化胜任力	执行力	20%	根据商机的要求制订具体工作计划，在计划中贯彻工作质量、成本、时间的要求； 按照工作计划，在质量、时间、成本上的要求下保证工作目标的达成； 合理运用所分配的资源以确保工作的顺利进行； 采取适当、有效的方法解决工作中发生的问题	
	创造力	5%	能够很快地产生很多新的、独一无二的想法； 能够很容易地在先前毫无关系的想法中找到联系； 帮助引进新的观念、方式与程序	
	学习能力	10%	与行业知识保持同步发展； 了解行业领域的最新发展情况并思考怎样运用； 用技术/行业经验证实项目是否可实现； 定期公布前沿性的课题	
	判断力	20%	决定具体的行动前，系统地比较多种信息资源； 衡量备选方案时，应考虑到各方案的正反两方面、风险及影响； 在多方利益发生冲突时，仍能保持客观性	
	积极主动性	10%	定期检查个人进展，做出必要改变以确保达到期望标准； 弄清客户、经理、同事期望的标准； 识别高利润产品/方案/服务，使其与新的或现有客户的需要结合起来，将可能性最大化	
总分				
如果您还有什么其他的建议，请告诉我们：				
感谢您的合作！				

实验内容记录表：绩效管理——采购总监

实验题目：基于胜任力模型的 360°绩效考核体系的使用					
实验时间：			实验成员：		
绩效评估调查问卷 感谢您在百忙之中协助我们进行这次调查，请您填写下面这张问卷，将各项的得分填写在相应的空格中。能力水平的评分标准请参考专业胜任能力级别描述。					
组号：		姓名：	职务：采购总监		测评人：
能力 名 称			权重	行 为 描 述	得分
基本胜任力	进取心		5%	表现出把工作做好的愿望，对低效率表现出不满和挫折感； 主动考虑以新的或更精确的方法去完成下达的任务； 制定具有挑战性的目标并采取行动实现目标	
	忠诚度		5%	努力使自己融入团队，尊重组织的优良传统； 做符合团队期望的事情； 愿意协助别人完成他们的工作； 作为团队的一员，表现出自豪、愉悦和忠诚	
	协作能力		10%	及时与团队成员交流团队内发生的事件； 征求团队其他成员的意见、创意和经验； 愿意向他人学习； 以行动倡导良好的团队氛围，维护及提升团队荣誉	
	创新能力		5%	支持他人的创新行为，积极参与营造组织内开拓创新的良好氛围； 避免故步自封，乐于不断进取； 能够不断挑战自身的想法和做法； 在继承的基础上创新，运用过去的经验帮助创新的进行	
	学习能力		10%	通过各种手段，主动寻找本行业和专业的信息； 能掌握本行业和专业的最新知识和技能，并根据企业自身和岗位的情况进行运用； 能指导他人在工作中进行学习，并给出相关的发展意见； 在企业中积极提倡并营造学习氛围	

实验九　人力资源管理——第五年

(续表)

	实验题目：基于胜任力模型的360°绩效考核体系的使用			
差异化胜任力	执行力	15%	根据商机的要求制定具体的工作计划，在计划中贯彻工作质量、成本、时间的要求； 按照工作计划，在质量、时间和成本上的要求下保证工作目标的达成； 合理运用所分配的资源以确保工作的顺利进行； 采取适当、有效的方法解决工作中发生的问题	
	采购管理	15%	能充分了解采购的流程和关键步骤与其销售计划的关系； 能有效制定和改进采购的流程以提高准确性和效率； 能有效制定和调整指标以评估采购的绩效，分析采购计划的准确性和及时性	
	订单管理	15%	能高效受理和下达订单，管控出货排程与时效； 能跟踪订单处理的流程，分析和评估订单履行的绩效并提出改进建议； 能有效执行和快速处理突发的和未满足客户需求的订单； 能不断发展新的订单履行模式，以缩短订单履行周期或提高订单履行质量	
	供应商管理	10%	能充分收集供应商的绩效数据，对供应商的绩效进行评估，包括成本、品质、交货期等； 能有效制定采购策略，评审供应商资格，优化供应商组合，与供应商进行合作谈判； 能有效建立完整的供应链体系，能建立和维护良好的供应商关系，形成良好的双赢联盟关系	
	库存管理	10%	能正确对照库存报表与实物，进行账务检查与现场检验； 能准确、有效地稽核和分析存货差异并提出解决方案； 能准确及时地提交库存报告及库存产品结构分析报告； 能有效针对库存状况提出符合公司战略的库存计划； 能不断改进库存计划模式以提高库存周转率和降低库存成本	
总分				
如果您还有什么其他的建议，请告诉我们：				
感谢您的合作！				

【总结与反思】

　　第五年总结

　　管理是科学，更是艺术。你已经走过了五年，一定有很多深刻的体会，那就"一吐为快"吧！

学会什么，记录知识点：
企业经营遇到哪些问题？
下一年准备如何改进？

1. 如何正视小组成员的意见和冲突？
2. 怎样做好相互协助、相互监督，让错误率降到最低？
3. 运营出现严重失误或遭受重大挫折时，怎样稳定心态，重整旗鼓？

实验十

全面信息化管理——第六年

【单元实验目的】

1. 了解平衡计分卡的概念。
2. 掌握企业实施平衡计分法的步骤。
3. 学会应用平衡计分卡为企业实现战略管理。

【实验准备知识】

1. 平衡计分卡

平衡计分卡(Balanced Score Card)是以平衡为目的,寻求企业短期目标与长期目标之间、财务度量绩效与非财务度量绩效之间、落后指标与先进指标之间、企业内部成长与企业外部满足顾客需求之间的平衡状态,是全面衡量企业战略管理绩效、进行战略控制的重要工具和方法。

平衡计分卡包括四个方面:财务、客户和市场、企业内部流程、员工的创新(学习)与成长,如图10-1所示。

平衡计分卡提供的将战略转化为企业绩效管理的框架,即平衡计分卡的内在联系,如图10-2所示。

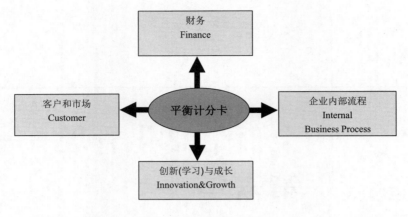

图 10-1　平衡计分卡

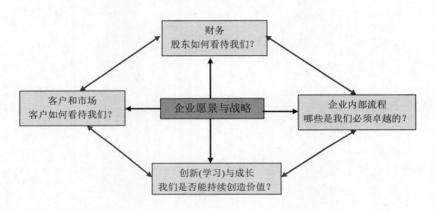

图 10-2　平衡计分卡内在关联

平衡计分卡揭示的是一个持续的、有一定周期的过程，所以在这个周期中前一步骤可预测后一步骤，是后一步骤的超前指标；后一步骤是前一步骤的结果，是前一步骤的滞后指标。

平衡计分卡将企业的发展通过评价角度和指标，系统地联系起来了。创新与成长角度，既是为现在的结果做支撑，又是为未来的发展做准备；企业内部流程优化也将时间概念纳入其中，它的优化是为未来的持续经营打基础；客户满意后付款，才能实现本期收入，也更是客户未来购买产品、持续带来收益的保证；财务角度既体现投资者的愿望，又是促使企业能持续运转的表现，若现金流断了，企业将不能继续运转。

2. 平衡计分卡与 ERP 系统的关系

尽管传统的 ERP 评价方法对于系统的实施与应用起到了很大的作用，但是随着经济环境的不断变化、企业的不断发展，它们已经远远不能满足企业的要求。因此，很多学者提出运用平衡计分卡来评价 ERP 系统的思想。ERP 给予我们的启示在于它集企业的管理思想、管理方法、管理工具为一体，把企业基础的业务运作管理、战略管理进行了一体化的集成；平衡计分卡是一个开放的系统，它给予我们的启示在于着眼于战略、立足于管理，采用综合平衡的思想，通过彼此间的联系和相互渗透建立起立体化和网络化的结构。将平衡计分卡与 ERP 系统结合起来，运用两者各自的优势充实对方，不仅可以全方位对 ERP 的实施结果进行评价，而且可以克服传统 ERP 系统对战略支持的缺陷和不足，自上而下地统筹企业的战略管理，从而使 ERP 所提供的各种决策能符合已定的战略目标，减少了管理的盲目性。

3. 企业实施平衡计分法的步骤

(1) 建立公司的远景与战略。公司的远景与战略要简单明了，并对每一部门均具有意义，使每一部门可以采用一些业绩衡量指标去完成公司的远景与战略。

(2) 在企业的高层管理层中对公司的远景及战略达成共识。成立平衡计分卡小组或委员会去解释公司的远景和战略，并建立财务、顾客、内部业务、学习与成长四个方面的具体目标。

(3) 为四个方面的具体目标找出最具有意义的业绩衡量指标，具体流程如图 10-3 所示。

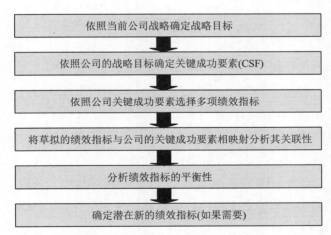

图 10-3　制定关键业绩衡量指标的一般流程

(4) 加强企业内部沟通与教育。利用各种不同沟通渠道，如定期或不定期的刊物、信件、公告栏、标语、会议等，让各层管理人员知道公司的远景、战略、目标与业绩衡量指标。

(5) 确定每年、每季、每月的业绩衡量指标的具体数字，并与公司的计划和预算相结合。注意各类指标间的因果关系、驱动关系与连接关系。

(6) 将每年的报酬奖励制度与平衡计分卡挂钩。

(7) 经常采用员工意见修正平衡计分卡衡量指标并改进公司战略。

4. 平衡计分卡的优点与不足

平衡计分卡在以下几个方面发挥了传统方法所不能起的平衡作用。

1) 外部衡量和内部衡量之间的平衡

平衡计分卡将评价的视线范围由传统上的只注重企业内部评价，扩大到企业外部，包括股东、顾客；同时以全新的眼光重新认识企业内部，将以往只看内部结果，扩展到既看结果的同时还注意企业内部流程及企业的学习和成长这种企业的无形资产。平衡计分卡还把企业管理层和员工的学习成长视为将知识转化为发展动力的一个必要渠道。

2) 所要求的成果和这些成果的执行动因之间的平衡

企业应当清楚其所追求的成果(如利润、市场占有率)和产生这些成果的原因——即动因(Drivers，如新产品开发投资、员工训练、信息更新)。只有正确地找到这些动因，企业才可能有效地获得所要的成果。平衡计分卡正是按照因果关系构建的，同时结合了指标间的相关性。

3) 强调定量衡量和定性衡量之间的平衡

定量指标(如利润、员工流动率、顾客抱怨次数)所具有的特点是较准确，具有内在的客观性，这也正是其在传统业绩评价中得以应用的一个主要原因。但定量数据多为基于过去的事件而产生的，与它直接相联系的是过去，因此，定量数据的分析需要以"趋式可预测"为前提条件。但目前企业所面临的未来越来越具有不确定性，导致基于过去对未来所做的预测其实际意义趋于递减。而定性指标由于其具有相当的主观性，甚至具有外部性，如顾客满意度是在企业内部无法获得的，所以往往不具有准确性，有时还不容易获得，因而在应用中受到的重视不如定量指标。但这并不影响定性指标的相关性、可靠性，而这两个性质正是我们业绩评价中所需要的。平衡计分卡正是借由引入定性的指标来弥补定量指标的缺陷，使评价体系具有新的实际应用价值。

4) 短期目标和长期目标之间的平衡

一个骑自行车的人，他的眼睛只需要看前方的10米处就可以了；一个驾驶汽车的人，他的眼睛至少要盯住前方100米处；而一个飞行员，则需要盯住前方1000米的地方，甚至更远一些。在先进的导航系统的帮助下视线可以更远。这说明随着速度的加快，所需要观察的范围越来越大。只有如此，才能在发现异常情况时有充足的时间处理。同样的道理也适用于企业。众所周知的情况是，企业发展的速度越来越快，现实已经使企业不但要注意短期目标(如利润)，而且还必须将未来看得更远一些，以制定出长期目标(如顾客满意度、员工训练成本与次数)，相应的，需要有一套监督企业在向未来目标前进的过程中的位置和方向的指标。平衡计分卡正是根据这一情况而设计的，它完全能够使企业了解自己在未来发展的全方位的情况。

上面所讲的是平衡计分卡的优点，那么平衡计分卡又有哪些不足呢？

运用平衡计分卡的难点在于试图使其"自动化"。平衡计分卡中有一些条目是很难解释清楚或者衡量出来的。财务指标当然不是问题，而非财务指标往往很难去建立起来。

确定绩效的衡量指标往往比想象的更难。企业管理者应当专注于战略中的因果关系，从而将战略与其衡量指标有机结合起来。尽管管理者通常明白客户满意度、员工满意度与财务表现之间的联系，但平衡计分卡却不能指导管理者怎样才能提高绩效，从而达到预期的战略目标。

当组织战略或结构变更的时候，平衡计分卡也应当随之重新调整，而负面影响也随之而来。因为保持平衡计分卡随时更新与有效需要耗费大量的时间和资源。

平衡计分卡的另外一个缺点是它很难去执行。一份典型的平衡计分卡需要5~6个月去执行，另外再需几个月去调整结构，使其规则化，从而总的开发时间经常需要一年或者更长的时间，并且衡量指标有可能很难去量化，而衡量方法却又会产生太多的绩效衡量指标。

【实验内容描述】

1. 团队合作完成第六年的模拟经营。
2. 利用平衡计分卡对企业进行分析。
3. 巧用规则制胜。

【实验步骤】

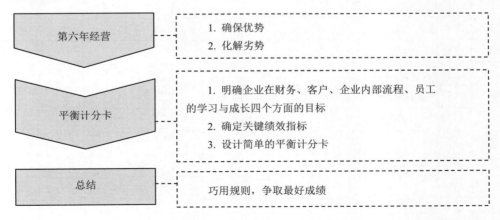

第六年运行记录

企业运营流程 请按顺序执行下列各项操作						
年初	新年度规划会议					
	参加订货会/支付广告费/登记销售订单					
	制订新年度计划					
	支付应付税					
1	季初现金盘点(请填余额)					
2	更新短期贷款/还本付息/申请短期贷款(高利贷)					
3	更新应付款/归还应付款					
4	原材料入库/更新原料订单					
5	下原料订单					
6	更新生产/完工入库					
7	投资新生产线/变卖生产线/生产线转产					
8	向其他企业购买原材料/出售原材料					
9	开始下一批生产					
10	更新应收款/应收款收现					
11	出售厂房					
12	向其他企业购买成品/出售成品					
13	按订单交货					
14	产品研发投资					
15	支付行政管理费					
16	其他现金收支情况登记					
17	现金收入合计					
18	现金支出合计					
年末	支付利息/更新长期贷款/申请长期贷款					
	支付设备维护费					
	支付租金/购买厂房					
	计提折旧					( )
	新市场开拓/ISO资格认证投资					
	结账					
19	期末现金对账(请填余额)					

实验十　全面信息化管理——第六年

现金预算表

	1	2	3	4
期初库存现金				
支付上年应交税				
市场广告投入				
贴现费用				
支付短期贷款利息				
支付到期短期贷款				
原料采购支付现金				
转产费用				
生产线投资				
支付加工费				
产品研发投资				
收到现金前的所有支出				
应收款到期				
支付管理费用				
支付长期贷款利息				
支付到期长期贷款				
设备维护费用				
租金				
购买新建筑				
市场开拓投资				
ISO 认证投资				
其他				
库存现金余额				

要点记录

第一季度：_____

第二季度：_____

第三季度：_____

第四季度：_____

订单登记表

订单号								合计
市场								
产品								
数量								
账期								
销售额								
成本								
毛利								
罚款								

组间交易明细表

买 入			卖 出		
产 品	数 量	金 额	产 品	数 量	金 额

产品核算统计表

	P1	P2	P3	P4	合 计
数量					
销售额					
成本					
毛利					

综合管理费用明细表

项 目	金 额	备 注
管理费		
广告费		
维修费		
租 金		
转产费		
ISO 资格认证		□ISO 9000　　□ISO 14000
市场准入开拓		□区域　　□国内　　□亚洲　　□国际
产品研发		P2(　) P3(　) P4(　)
其 他		
合 计		

实验十 全面信息化管理——第六年

利 润 表

项　　目	上 年 数	本 年 数
销售收入		
直接成本		
毛利		
综合费用		
折旧前利润		
折旧		
支付利息前利润		
财务收入/支出		
其他收入/支出		
税前利润		
所得税		
净利润		

资产负债表

资　　产	期初数	期末数	负债和所有者权益	期初数	期末数
流动资产：			负债：		
现金			长期负债		
应收款			短期负债		
在制品			应付账款		
成品			应交税金		
原料					
流动资产合计			负债合计		
固定资产：			所有者权益：		
土地和建筑			股东资本		
机器与设备			利润留存		
在建工程			年度净利		
固定资产合计			所有者权益合计		
资产总计			负债和所有者权益总计		

实验内容记录表：设计平衡计分卡

实验题目：设计平衡计分卡	
实验时间：	实验成员：

具体目标	财务
	客户
	内部流程
	学习与成长
业绩衡量指标	财务
	客户
	内部流程
	学习与成长

设计平衡计分卡

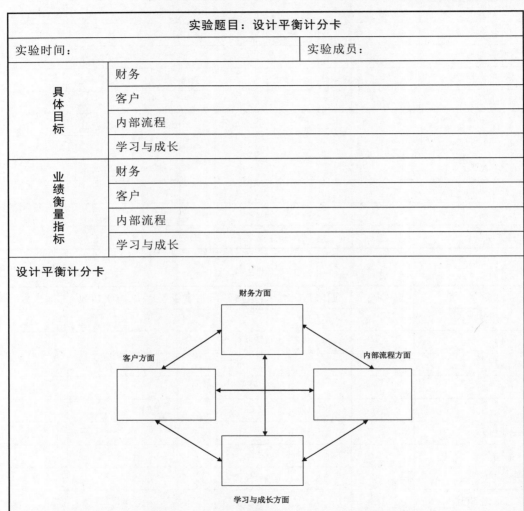

沙盘模拟平衡记分卡示例，如图10-4所示。

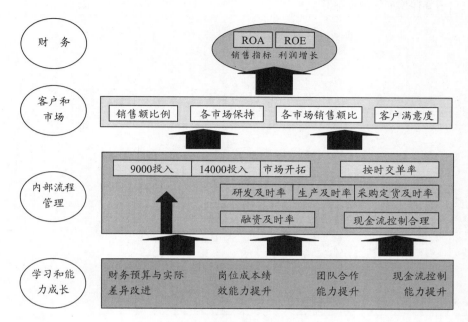

图10-4 沙盘模拟平衡记分卡示例

【总结与反思】

第六年总结

结束了，是否有意犹未尽的感觉。结束也意味着新的开始，好好回顾一下，两天的课程，你最主要的收获是什么？关于课程有哪些建议或希望？

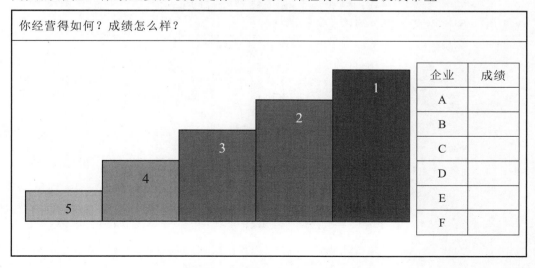

(续表)

本次培训你印象最深的内容有哪些？	
你最重要的收获有哪些？有哪些教训愿意和他人分享？	
你认为企业经营成败最关键的因素是什么？为什么？	
有什么希望和建议？	

　　※接受一种管理工具，往往意味着接受一种新的管理思想；接受一种新的管理思想，往往要求改变许多管理行为。※

实验十一

实践总结与成绩评价

【单元实验目的】

1. 掌握 ERP 沙盘模拟总结的内容。
2. 进一步加深对 ERP 的理解。
3. 学习书面总结报告的编写方法。

【实验准备知识】

1. 实践总结

ERP 沙盘模拟对抗课程的最后一个步骤是实践总结。实践总结的目的在于让学习者将参与 ERP 沙盘模拟对抗课程的实战经验及心得体会记录下来,进一步加深学习者对 ERP 的理解。在整个沙盘模拟对抗过程中,学生要熟悉并从事企业采购、生产、经营及销售各个环节的流程,根据企业事先制定的发展战略,制定并实施每一期的广告决策、市场决策、研发决策、资金资本决策及采购生产决策。过程中每一个环节的决策都是通过筛选和分析多种相关条件所制定并实施的,都包含着十分巨大的信息量。

在本课程中,学生通过对抗竞争都取得了相应的成绩。但这个成绩只代表了过去,只代表在这一特定场合的水平发挥,并不一定代表了学生的真实水平,更不能代表将来。所以本课程特别安排了"总结"教学环节,一方面是充分展现学生的水平;另一方面是通过总结,归纳成绩,发现问题,明确下一步努力的方向。

ERP沙盘模拟实践总结的过程是系统地分析与归纳课程当中的成功经验与失败教训的过程，是整个课程步骤环节与知识理论的再现。总结的内容不仅是沙盘模拟实践过程中的成败得失，更要与理论、实际相联系，才能得到更大的收获。ERP沙盘模拟实践总结时要撰写ERP沙盘模拟实践的书面总结报告。ERP沙盘模拟实践的书面总结报告一般是在学习团队及全班讨论结束后才开始撰写，其本身包括了集体智慧的成分。在撰写ERP沙盘模拟实践的总结报告时，应当允许同一学习团队的成员使用团队共同准备的图表资料和分析结论，但总结报告的正文部分仍必须由个人独立撰写，严禁互相抄袭。

ERP沙盘模拟实践总结的内容主要有整体战略、产品研发、生产及原料、市场及营销、财务及资金、团队协作与沟通几个方面。

2."积分评价"思考的逻辑框架

对沙盘各小组比较公正的评价应当考虑以下两个方面的因素。

(1) 利润。盈利的多与少是各组沙盘经营综合决策的客观结果。但也有许多学习者在经营的最后一年结束时，将生产线全部卖掉，由此增加的"额外收入"计入"利润"之中，从而使积分加大。此时若仅考虑利润就产生了偏颇。

(2) 综合考虑企业的未来发展。企业的固定资产(生产线、厂房等)、现金流状况(应收款、应付款、当前现金)、市场份额(总市场占有率、各个分市场占有率)、ISO认证、产品开发等因素均应当综合考虑。

依据实践经验，沙盘"积分评价"思考逻辑框架如图11-1所示。

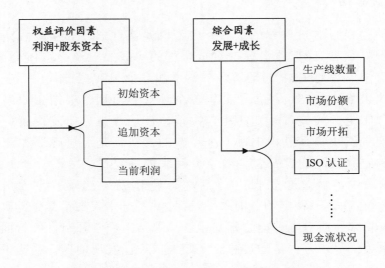

图11-1 沙盘"积分评价"思考逻辑框架

3. 权益评价因素分析

沙盘中各企业的权益结构很简单，所有者权益＝股东资本＋利润。

(1) 利润，是利润留存(以前年度未分配利润)与当年净利润之和。当然，利润越大，意味着赚钱越多。

(2) 股东资本，是企业经营之初所有股东投入的资金。但在训练中，有些小组由于决策失误，导致"资不抵债"(权益为负)，并且"现金资本断流"时，处于训练的"延续性"考虑，需要对其进行"股东资本追加"。此时，该小组股东资本＝股东原始资本＋追加股东资本。追加了股东资本后，权益加大。此时如果还按照权益去计算"积分"，显然对于未追加资本的小组学习者而言是很不公平的。

(3) 变卖生产线增加的"额外收入"可以提高当年的"利润"，这样提高的"积分"属于"投机取巧"。

由以上分析可以看出，仅依赖"权益"进行考评，确实存在"消极"和"不公正"因素。

4. 综合因素评价分析

对各小组的综合因素评价，主要考虑企业未来的发展潜力，此时评价的前提是，如果下年继续经营，则考虑企业已存在的各种有形资产和无形资产。

1) 生产线数量

生产线数量决定了生产能力，生产线越多、越先进，企业未来的"产能"越大。

2) 自主厂房(已购买)数量

自主厂房多，意味着企业固定资产规模大，未来生产经营中"租金"费用低，盈利能力强。

3) ISO 认证

ISO 认证可以认为是一种投资回报。未来有 ISO 认证需要的订单一般其"价格"和"应收款"期限都比较优惠，广告成本小，盈利能力强。

4) 市场开拓数量

市场开拓数量可以认为是一种投资回报。未来市场"宽广"，拿订单易于达到"最大可销售量"数量，降低库存。而且可以更好地定位于价格高的市场，加快资金周转，降低广告费用，盈利能力强。

5) 产品开发种类

可以认为产品开发是一种投资回报。产品市场"选择宽广"，拿订单易于达到"最大可销售量"数量，可降低库存，而且可以更好地定位于价格高、毛利大的产品,加大"毛利率",降低广告费用分摊比例,盈利能力强。

6) 市场销量

"销量最大"意味着在该市场占"主导地位",可以认为是一种"优势"。在有"市场龙头"规则的情况下,可以降低"广告费用"成本,盈利能力强。

7) 未借高利贷、未贴现

这方面体现的是以往的运营过程中"现金流"控制得当,财务预算与执行能力较强,财务成本较低。这样对未来的财务费用控制能力也可以有较高的预期。

总成绩计算规则如下:

$$总成绩=所有者权益\times(1+企业综合发展潜力\div100)$$

企业综合发展潜力如表 11-1 所示。

表 11-1 企业综合发展潜力

序 号	项 目	综合发展潜力系数
01	大厂房(至少生产出一件产品)	+15/每厂房
02	小厂房(至少生产出一件产品)	+10/每厂房
03	手工生产线	+5/条
04	半自动生产线	+10/条
05	全自动/柔性线	+15/条
06	区域市场开发	+10
07	国内市场开发	+15
08	亚洲市场开发	+20
09	国际市场开发	+25
10	ISO 9000	+10
11	ISO 14000	+10
12	P2 产品开发	+10
13	P3 产品开发	+10
14	P4 产品开发	+15
15	本地市场地位	+15/最后一年市场第一
16	区域市场地位	+15/最后一年市场第一
17	国内市场地位	+15/最后一年市场第一
18	亚洲市场地位	+15/最后一年市场第一

实验十一 实践总结与成绩评价

(续表)

序 号	项 目	综合发展潜力系数
19	国际市场地位	+15/最后一年市场第一
20	高利贷扣分	每次扣 15 分
21	其他扣分	

【实验内容描述】

1. 实践总结。
2. 成绩评价。
3. 点评。

【实验步骤】

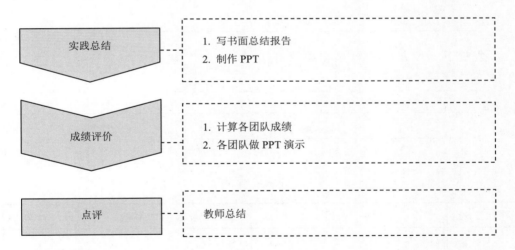

总结报告提纲

ERP 沙盘模拟学习者总结提纲包括以下内容。

(1) 简要描述所在企业的经营状况。
(2) 分析所在企业成败的关键点及原因。
(3) 总结所担任角色的得与失。
(4) 提出对所在企业下一步发展的意见和建议。

学生也可以在 ERP 沙盘模拟学习的过程中,不断地总结经验,形成自己的风格和特点。例如,在 ERP 沙盘模拟学习中担任公司中的重要职位(如 CEO、

CFO、市场总监、营运总监、采购总监等)时，进行全面的总结，从中得到训练，提升自身素质。学习者总结提纲可考虑采用如下格式。

ERP 沙盘模拟学习者总结提纲

实践时间：_____

学习者：_____

团队名称：_____

企业的经营情况简介：_____

企业成败的关键点及原因：_____

所担任角色的得失：

1._____

2._____

3._____

企业下一步发展的意见与建议：

1._____

2._____

3._____

计算成绩

序　号	项　　目	综合发展潜力系数	得　分
01	大厂房(至少生产出一件产品)	+15/每厂房	
02	小厂房(至少生产出一件产品)	+10/每厂房	
03	手工生产线	+5/条	
04	半自动生产线	+10/条	
05	全自动/柔性线	+15/条	
06	区域市场开发	+10	

(续表)

序　号	项　　目	综合发展潜力系数	得　分
07	国内市场开发	+15	
08	亚洲市场开发	+20	
09	国际市场开发	+25	
10	ISO 9000	+10	
11	ISO 14000	+10	
12	P2 产品开发	+10	
13	P3 产品开发	+10	
14	P4 产品开发	+15	
15	本地市场地位	+15/最后一年市场第一	
16	区域市场地位	+15/最后一年市场第一	
17	国内市场地位	+15/最后一年市场第一	
18	亚洲市场地位	+15/最后一年市场第一	
19	国际市场地位	+15/最后一年市场第一	
20	高利贷扣分	每次扣 15 分	
21	其他扣分		
企业综合发展潜力得分			
总成绩			

实验十二 新商战电子沙盘体验

"新商战"电子沙盘是继"创业者"沙盘模拟经营系统之后的新一代 ERP 沙盘模拟软件系统。该平台在继承"创业者"沙盘模拟经营系统特点的基础之上,更贴近现实,运行规则及订单可以自由设置,同时可以支持多市场同开,难度加大。

配合"新商战"电子沙盘,在 ERP 沙盘模拟课程中,同学们可侧重对诸多决策变量进行分析,对经营变量建立数学建模,例如:财务分析从收益力、成长力、安定力、活动力四个方面提供了对各企业的分析数据。同学们在获得企业经营的感性认识基础上,在各项决策过程中可获取更多管理知识。

【教学规则】

一、企业背景

股东资本:1000 万元
市场环境:供需趋于平衡,较宽松
需采购材料种类:R1、R2、R3、R4
可生产产品种类:P1、P2、P3、P4
可建生产线种类:手工线、自动线、柔性线
可建厂房种类:大厂房、中厂房、小厂房
市场种类:本地、区域、国内、亚洲、国际

二、教学分组

每组 5 名组员，分工如下：总经理、财务总监、营销总监、采购总监、生产总监。

三、运行方式及监督

模拟经营采用新道新商战电子沙盘系统 V5.0(以下简称新商战)与实物沙盘相结合的方式，基于"新商战"模拟平台进行，以实物沙盘作为辅助运作工具。

四、企业运营流程

企业运营流程需按照经营记录表中列示的流程严格执行(可扫描二维码下载)。CEO 按照经营记录表中指示的顺序发布执行指令，每项任务完成后，CEO 需在任务完成后在对应的方格中打钩。

每年经营结束后，每组需提交综合费用表、利润表和资产负债表。

五、教学规则

1. 生产线

生产线	购置费	安装周期	生产周期	维修费	残值	转产周期	转产费	分值
手工线	35W	无	2Q	5W/年	5W	无	无	0 分
自动线	150W	3Q	1Q	20W/年	30W	1Q	20W	8 分
柔性线	200W	4Q	1Q	20W/年	40W	无	无	10 分

注：新商战中费用单位用 W。

(1) 不论何时出售生产线，从生产线净值中取出相当于残值的部分计入现金，净值与残值之差计入损失。

(2) 只有空闲的生产线方可转产，转产时不能生产产品。

(3) 已建成的生产线都要交维修费。

2．折旧(平均年限法)

生产线	购置费	残值	建成第1年	建成第2年	建成第3年	建成第4年	建成第5年
手工线	35W	5W	0	10W	10W	10W	0
自动线	150W	30W	0	30W	30W	30W	30W
柔性线	200W	40W	0	40W	40W	40W	40W

当生产线净值等于残值时生产线不再计提折旧，但可以继续使用。

生产线建成第一年(当年)不计提折旧。

3．厂房

厂房	购买价格	租金	出售价格	容量	购买上限	分值
大厂房	400W	40W/年	400W	4条	3个	10分
中厂房	300W	30W/年	300W	3条	3个	8分
小厂房	180W	18W/年	180W	2条	3个	7分

(1) 租用或购买厂房可以在任何季度进行。如果决定租用厂房或者厂房买转租，租金在开始租用时交付。

(2) 厂房租入后，租期结束才可做租转买、退租等处理，如果没有重新选择，系统自动做续租处理，租金在"当季结束"时和"行政管理费"一并扣除。

(3) 如需新建生产线，则厂房需有空闲空间。

(4) 当厂房中没有生产线时，才可以选择退租。

(5) 厂房合计购/租上限为4。

(6) 已购厂房随时可以按原值出售(如有租金需付清后才可出售，否则无法出售)，获得账期为4Q的应收款。

4．融资

贷款类型	贷款时间	贷款额度	年息	还款方式
长期贷款	每年度初	所有贷款不超过上一年所有者权益的3倍，不低于10W	10%	年初付息，到期还本

(续表)

贷款类型	贷款时间	贷款额度	年息	还款方式
短期贷款	每季度初	所有贷款不超过上一年所有者权益的3倍,不低于10W	5%	到期一次还本付息
资金贴现	任何时间	不超过应收款额	10%(1季,2季) 12.5%(3季,4季)	贴现各账期分开核算,分开计息
库存拍卖		原材料八折(向下取整),成品按成本价		

规则说明:

(1) 长期贷款期限为1~5年,短期贷款期限为四个季度(一年)。

(2) 长期贷款借入当年不付息,第二年年初开始,每年按年利率支付利息,到期还本时,支付最后一年利息。

(3) 短期贷款到期时,一次性还本付息。

(4) 长期贷款和短期贷款均不可提前还款。

(5) 如与参数有冲突,以参数为准。

5．市场准入

市场	开发费用	时间	分值
本地	10W/年*1年=10W	1年	7分
区域	10W/年*1年=10W	1年	7分
国内	10W/年*2年=20W	2年	8分
亚洲	10W/年*3年=30W	3年	9分
国际	10W/年*4年=40W	4年	10分

市场开拓,只能在每年第四季度操作。

6. ISO 认证

市场	开发费用	时间	分值
ISO 9000	10W/年*2年=20W	2年	8分
ISO 14000	20W/年*2年=40W	2年	10分

ISO 认证,只能在每年第四季度操作。

7. 产品研发

名称	开发费用	开发周期	加工费	直接成本	产品组成	分值
P1	10W/季*2 季=20W	2 季	10W/个	20W/个	R1	7 分
P2	10W/季*3 季=30W	3 季	10W/个	30W/个	R2+R3	8 分
P3	10W/季*4 季=40W	4 季	10W/个	40W/个	R1+R3+R4	9 分
P4	10W/季*5 季=50W	5 季	10W/个	50W/个	R1+R3+2R4	10 分

8. 原材料

名称	购买价格	提前期
R1	10W/个	1 季
R2	10W/个	1 季
R3	10W/个	2 季
R4	10W/个	2 季

9. 紧急采购

(1) 付款即到货，可马上投入生产或销售，原材料价格为直接成本的 2 倍，成品价格为直接成本的 3 倍。即：紧急采购 R1 或 R2，每个原材料单价为 20W/个，紧急采购 P1 单价为 60W/个，紧急采购 P2 单价为 90W/个。

(2) 紧急采购原材料和产品时，直接扣除现金。上报报表时，成本仍然按照标准成本记录，紧急采购多付出的成本计入费用表"损失"。

(3) 如与参数冲突，以参数为准。

10. 选单规则

以当年本市场本产品广告额投放大小顺序依次选单；如果两组本市场本产品广告额相同，则看当年本市场广告投放总额；如果当年本市场广告总额也相同，则看上年该市场销售排名；如仍相同，则先投广告者先选单。

如果参数中选择有市场老大，则老大有该市场所有产品优先选单权。

注意：

- 必须在倒计时大于 5 秒时选单，出现确认框要在 3 秒内按下"确认"按钮，否则可能造成选单无效。

- 每组每轮选单只能先选择1张订单，待所有投放广告组完成第一轮选单后还有订单，该市场该产品广告额大于等于3W的组将获得第二轮选单机会，选单顺序和第一轮相同；第二轮选单完成后，该市场该产品广告额大于等于5W的组将获得第三轮选单机会，选单顺序和第一轮相同；依次类推。
- 在某细分市场(如本地、P1)有多次选单机会，只要放弃一次，则视同放弃该细分市场所有选单机会。
- 选单中有意外，请立即告知老师，老师会暂停倒计时。
- 市场老大指上一年某市场内所有产品销售总额最多且该市场没有违约的企业，如果出现多组销售总额相等，则市场无老大。

11．取整规则

- 违约金扣除——四舍五入；
- 库存出售所得现金——向下取整；
- 贴现费用——向上取整；
- 贷款利息——四舍五入。

12．重要参数

违约金比例	20%	贷款额倍数	3倍
产品折价率	100%	原材料折价率	80%
长贷利率	10%	短贷利率	5%
1、2期贴现率	10%	3、4期贴现率	12.5%
初始现金	700W	管理费	10W
信息费	1W	所得税率	25%
最大长贷年限	5年	最小得单广告额	10W
原材料紧急采购倍数	2倍	产品紧急采购倍数	3倍
选单时间	45秒	首位选单补时	15秒
市场同开数量	3	市场老大	无
竞单时间	90秒	竞单同竞数	3
最大厂房数量	3个		

注意：

每市场每产品选单时第一个组选单时间为60秒，自第二个组起，选单时间设为45秒。

13. 破产处理

当某组权益为负(指当年结束系统生成资产负债表时为负)或现金断流时(即现金为负数,但权益和现金可以为零),企业破产。

破产后,教师可通过注资等方式使其继续参与模拟经营实训。

14. 教学排名

教学结果以参加教学各组的第 6 年结束后的最终所有者权益进行评判,分数高者为优胜。

如果出现最终权益相等的情况,则参照各组第 6 年结束后的最终盘面,计算盘面加分值,加分值高的组排名在前(排行榜只限于排名之用,不计入最终权益值)。如果加分值仍相等,则比较第 6 年净利润,高者排名靠前,如果还相等,则先完成第 6 年经营的组排名在前。

$$总成绩 = 所有者权益 \times (1 + 企业综合发展潜力 \div 100)$$

$$企业综合发展潜力 = 市场资格分值 + ISO\ 资格分值 + 生产资格分值 + 厂房分值 + 各条生产线分值$$

生产线建成(包括转产)即加分,无须生产出产品,也无须有在制品;厂房必须为买。

附录 A

起始年订单范例、经营记录表、利润表及资产负债表

起始年订单

起始年	本地市场	IP0-1/1
产品数量：	6 P1	
产品单价：	5.8M/个	
总 金 额：	35 M	
应收账期：	2Q	

起始年经营记录表

企业运营流程 请按顺序执行下列各项操作		每执行完一项工作,总经理在相应的方格内画钩 财务总监在方格中填写现金收支记录			
年初	新年度规划会议	★			
	参加订货会/支付广告费/登记销售订单	-1			
	制订新年度计划	★			
	支付应付税	0			
1	季初现金盘点(请填余额)	16	12	8	20
2	更新短期贷款/还本付息/申请短期贷款(高利贷)	×	★	★	★
3	更新应付款/归还应付款	×	×	×	×
4	原材料入库/更新原料订单	-2	-1	-1	-1
5	下原料订单	★	★	★	★
6	更新生产/完工入库	★	★	★	★
7	投资新生产线/变卖生产线/生产线转产	★	★	★	★
8	向其他企业购买原材料/出售原材料	×	×	×	×
9	开始下一批生产	-1	-2	-1	-2
10	更新应收款/应收款收现	★	★	15	32
11	出售厂房	×	×	×	×
12	向其他企业购买成品/出售成品	×	×	×	×
13	按订单交货	×	★	×	×
14	产品研发投资	×	×	×	×
15	支付行政管理费	-1	-1	-1	-1
16	其他现金收支情况登记	×	×	×	×
17	现金收入合计	0	0	15	32
18	现金支出合计	-4	-4	-3	-4
年末	支付利息/更新长期贷款/申请长期贷款				-4
	支付设备维护费				-4
	支付租金/购买厂房				★
	计提折旧				(5)0
	新市场开拓/ISO资格认证投资				★
	结账				★
19	期末现金对账(请填余额)	12	8	20	40

附录A 起始年订单范例、经营记录表、利润表及资产负债表

起始年简易利润表

利 润 表				编报单位：百万元
项目		上期数	本期数	对应利润表的项目
销售收入		35	32	主营业务收入
直接成本	−	12	12	主营业务成本
毛利	=	23	20	主营业务利润
综合费用	−	11	9	营业费用、管理费用
折旧前利润	=	12	11	
折旧	−	5	5	利润表中的管理费用、营业费用及主营业务成本已含折旧，这里折旧单独列示
支付利息前利润	=	7	6	营业利润
财务收入/支出		4	4	财务费用
其他收入/支出				营业外收入/支出
税前利润	=	3	2	利润总额
所得税		0	0	所得税
净利润	=	3	2	净利润

起始年简易资产负债表

资产负债表					编报单位：百万元
资　　产	期初数	期末数	负债和所有者权益	期初数	期末数
流动资产：			负债：		
现金	17	40	长期负债	40	40
应收款	15	0	短期负债	0	0
在制品	8	8	应付账款	0	0
成品	6	6	应交税金	0	0
原料	3	2	一年内到期的长期负债		
流动资产合计	49	56	负债合计	40	40

(续表)

资产负债表					
				编报单位：百万元	
资　产	期初数	期末数	负债和所有者权益	期初数	期末数
固定资产：			所有者权益：		
土地和建筑	40	40	股东资本	50	50
机器与设备	15	10	利润留存	11	14
在建工程			年度净利	3	2
固定资产合计	55	50	所有者权益合计	64	66
资产总计	104	106	负债和所有者权益总计	104	106

附录 B

创业者手工及电子沙盘市场预测

这是由一家权威的市场调研机构对未来 6 年里各个市场的需求所做的预测，应该说这一预测有着很高的可信度。但根据这一预测进行企业的经营运作，其后果将由各企业自行承担。

P1 产品是目前市场上的主流产品，P2 是 P1 的技术改良产品，也比较容易获得大众的认同。

P3 和 P4 产品作为 P 系列产品里的高端产品，各个市场上对它们的认同度不尽相同，需求量与价格也会有较大的差异。

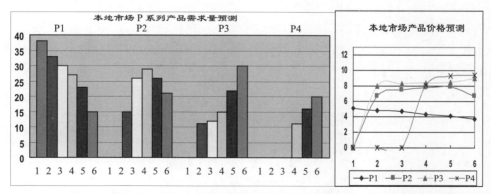

本地市场将会持续发展，对低端产品的需求可能下滑，伴随着需求的减少，低端产品的价格很有可能走低。后几年，随着高端产品的成熟，市场对 P3、P4 产品的需求将会逐渐增大。由于客户对质量意识的不断提高，后两年可能对产品的 ISO 9000 和 ISO 14000 认证有更多的要求。

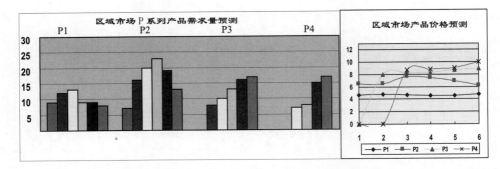

区域市场的客户相对稳定,对 P 系列产品需求的变化很有可能比较平稳。因紧邻本地市场,所以产品需求量的走势可能与本地市场相似,价格趋势也应大致一样。该市场容量有限,对高端产品的需求也可能相对较小,但客户会对产品的 ISO 9000 和 ISO 14000 认证有较高的要求。

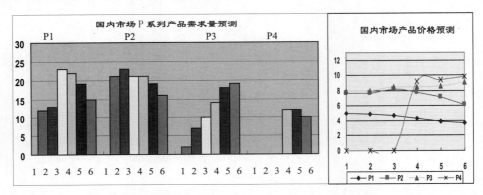

因 P1 产品带有较浓的地域色彩,估计国内市场对 P1 产品不会有持久的需求。但 P2 产品因更适合于国内市场,估计需求会一直比较平稳。随着对 P 系列产品的逐渐认同,估计对 P3 产品的需求会发展较快。但对 P4 产品的的需求就不一定像 P3 产品那样旺盛了。当然,对于高价值的产品来说,客户一定会更注重产品的质量认证。

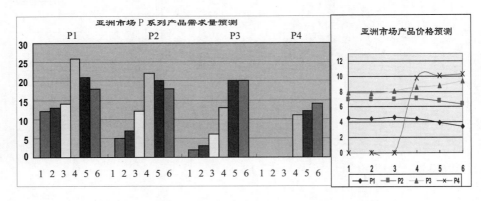

这个市场一向波动较大，所以对 P1 产品的需求可能起伏较大，估计 P2 产品的需求走势也与 P1 相似。但该市场对新产品很敏感，因此估计对 P3、P4 产品的需求量会发展较快，价格也可能不菲。另外，这个市场的消费者很看重产品的质量，所以没有 ISO 9000 和 ISO 14000 认证的产品可能很难销售。

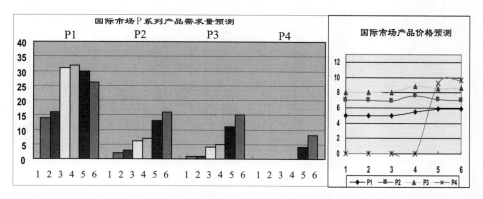

P 系列产品进入国际市场可能需要一个较长的时期。有迹象表明，对 P1 产品已经有所认同，但还需要一段时间才能被市场接受。同样，对 P2、P3 和 P4 产品也会很谨慎地接受。该系列产品需求发展较慢。当然，国际市场的客户也会关注具有 ISO 认证的产品。

附录 C

重要规则速查表

(1) 生产线。

生产线	购置费	安装周期	生产周期	总转产费	转产周期	维修费	残值
手工线	5M	无	3Q	0	无	1M/年	1M
半自动线	10M	2Q	2Q	1M	1Q	1M/年	2M
自动线	15M	3Q	1Q	2M	1Q	1M/年	3M
柔性线	20M	4Q	1Q	0	无	1M/年	4M

- 不论何时出售生产线，价格为残值，净值与残值之差计入损失。
- 只有空生产线方可转产。
- 当年建成生产线需要交维修费。

(2) 折旧(平均年限法)。

生产线	购置费	残值	建成第1年	建成第2年	建成第3年	建成第4年	建成第5年
手工线	5M	1M	0	1M	1M	1M	1M
半自动线	10M	2M	0	2M	2M	2M	2M
自动线	15M	3M	0	3M	3M	3M	3M
柔性线	20M	4M	0	4M	4M	4M	4M

(3) 融资贷款。

类　　型	贷款时间	贷款额度	年　息	还款方式
长期贷款	每年年末	和为权益三倍	10%	年初付息,到期还本,10倍数
短期贷款	每季度初		5%	到期一次还本付息,20倍数
资金贴现	任何时间	视应收款额	1/8(3、4季); 1/10(1、2季)	变现时贴息
库存拍卖	原材料九折,成品原价			

注：电子沙盘中，长期贷款的贷款时间为每年年初。

(4) 厂房。

厂　　房	买价	租金	售价	容量	厂房出售得到4个账期的应收款,紧急情况下可厂房贴现,直接得到现金
大厂房	40M	5M/年	40M	6	
小厂房	30M	3M/年	30M	4	

(5) 市场准入。

市　　场	开发费	时间	开发费用按开发时间在年末平均支付，不允许加速投资。 市场开发完成后，领取相应的市场准入证
本地	1M/年	1	
区域	1M/年	1	
国内	1M/年	2	
亚洲	1M/年	3	
国际	1M/年	4	

(6) 资格认证。

认证	ISO 9000	ISO 14000	平均支付，认证完成后可以领取相应的ISO资格证。可中断投资
时间	2 年	2 年	
费用	1M/年	2M/年	

(7) 产品物料清单。

名　　称	开 发 费 用	开 发 周 期	加 工 费	直 接 成 本	产 品 组 成
P1	1M/季	2季	1M	2M	R1
P2	1M/季	4季	1M	3M	R2+R3
P3	1M/季	6季	1M	4M	R1+R3+R4
P4	2M/季	6季	1M	5M	R2+R3+2R4

(8) 原料设置。

名　　称	购 买 价 格	提 前 期
R1	1M/个	1季
R2	1M/个	1季
R3	1M/个	2季
R4	1M/个	2季

(9) 紧急采购，付款即到货，原材料价格为直接成本的 2 倍；成品价格为直接成本的 3 倍。

(10) 选单规则：首先，上年销售额最高(无违约)者优先；其次，看本市场本产品广告额；再次，看本市场广告总额；最后，看市场销售排名。如仍无法决定，系统自动抽签。

(11) 破产标准：现金断流或权益为负。

(12) 第一年无订单。

(13) 交单可提前，不可推后，违约收回订单。

(14) 违约金扣除——向下取整；库存拍卖所得现金——向下取整；贴现费用——向上取整；扣税——向下取整。

(15) 库存折价拍价，生产线变卖，紧急采购，订单违约计入损失。

一些重要参数如图附 C-1 所示。

图附 C-1 重要参数

附录 D

广告竞单表

第 __ 年广告竞单表(第 __ 组)

产品	本地	区域	国内	亚洲	国际
P1					
P2					
P3					
P4					
ISO9000 认证					
ISO14000 认证					

附录 E

新商战市场预测

			市场预测表——均价				
序号	年份	产品	本地市场	区域市场	国内市场	亚洲市场	国际市场
1	第2年	P1	50.84	50.44			
2	第2年	P2	70.94	70.53			
3	第2年	P3	87.48	87.67			
4	第2年	P4	129.67	129.05			
5	第3年	P1	49.67	49.53	47.53		
6	第3年	P2	70.11	70.46	68.70		
7	第3年	P3	82.58	82.80	0.00		
8	第3年	P4	131.83	130.50	132.23		
9	第4年	P1	48.45	49.35	47.40	0.00	
10	第4年	P2	70.94	71.09	71.07	71.96	
11	第4年	P3	89.50	90.67	0.00	89.84	
12	第4年	P4	135.38	134.28	135.04	0.00	
13	第5年	P1	50.43	50.50	50.18	0.00	0.00
14	第5年	P2	68.73	69.32	69.18	71.60	0.00
15	第5年	P3	81.38	80.82	0.00	81.81	89.55
16	第5年	P4	129.77	128.72	128.00	0.00	136.00
17	第6年	P1	50.06	49.97	49.03	0.00	0.00

(续表)

市场预测表——均价							
序号	年份	产品	本地市场	区域市场	国内市场	亚洲市场	国际市场
18	第6年	P2	70.40	0.00	69.24	71.67	0.00
19	第6年	P3	87.23	87.52	0.00	86.21	92.00
20	第6年	P4	128.77	128.12	128.15	0.00	134.13

市场预测表——需求量							
序号	年份	产品	本地市场	区域市场	国内市场	亚洲市场	国际市场
1	第2年	P1	50	39			
2	第2年	P2	35	32			
3	第2年	P3	23	18			
4	第2年	P4	21	22			
5	第3年	P1	46	49	53		
6	第3年	P2	35	35	30		
7	第3年	P3	26	20	0		
8	第3年	P4	18	18	26		
9	第4年	P1	44	46	50	0	
10	第4年	P2	34	35	29	23	
11	第4年	P3	24	24	0	37	
12	第4年	P4	16	18	25	0	
13	第5年	P1	46	42	38	0	0
14	第5年	P2	26	28	28	20	0
15	第5年	P3	26	22	0	27	20
16	第5年	P4	22	18	19	0	20
17	第6年	P1	47	38	37	0	0
18	第6年	P2	25	0	25	18	0
19	第6年	P3	22	21	0	33	22
20	第6年	P4	26	25	27	0	15

附录 E 新商战市场预测

市场预测表——订单数量							
序号	年份	产品	本地市场	区域市场	国内市场	亚洲市场	国际市场
1	第2年	P1	12	10			
2	第2年	P2	11	10			
3	第2年	P3	8	7			
4	第2年	P4	8	8			
5	第3年	P1	11	11	13		
6	第3年	P2	11	10	10		
7	第3年	P3	9	7	0		
8	第3年	P4	7	7	9		
9	第4年	P1	11	10	10	0	
10	第4年	P2	11	10	10	7	
11	第4年	P3	9	8	0	10	
12	第4年	P4	6	6	8	0	
13	第5年	P1	11	10	9	0	0
14	第5年	P2	10	9	9	7	0
15	第5年	P3	9	8	0	9	7
16	第5年	P4	8	6	7	0	6
17	第6年	P1	10	9	8	0	0
18	第6年	P2	9	0	9	7	0
19	第6年	P3	8	8	0	10	8
20	第6年	P4	8	7	9	0	6

附录 F

新商战竞单预测

订单号	年份	市场	产品	数量	ISO
3J01	第 3 年	本地	P1	3	—
3J02	第 3 年	本地	P2	4	—
3J03	第 3 年	本地	P3	2	—
3J04	第 3 年	本地	P4	3	9
3J08	第 3 年	区域	P2	3	9
3J09	第 3 年	区域	P2	5	—
3J10	第 3 年	区域	P3	3	—
3J11	第 3 年	区域	P3	4	—
3J12	第 3 年	区域	P4	4	9
3J14	第 3 年	国内	P1	4	9
3J15	第 3 年	国内	P2	2	9
3J16	第 3 年	国内	P3	3	—
3J17	第 3 年	国内	P4	3	—
6J01	第 6 年	本地	P1	4	—
6J02	第 6 年	本地	P2	2	—
6J03	第 6 年	本地	P3	3	14
6J04	第 6 年	本地	P4	3	—
6J05	第 6 年	区域	P2	6	—

(续表)

订单号	年份	市场	产品	数量	ISO
6J06	第 6 年	区域	P3	4	914
6J07	第 6 年	区域	P4	2	—
6J09	第 6 年	国内	P1	3	—
6J10	第 6 年	国内	P2	4	—
6J11	第 6 年	国内	P4	4	—
6J13	第 6 年	亚洲	P2	4	—
6J14	第 6 年	亚洲	P3	5	—
6J17	第 6 年	国际	P4	6	—